I0412943

# LOS EXTORSIONADORES

## Luis Felipe Ortiz Reyes

eM Ediciones Manoluiche

©Título original: Los Extorsionadores
©2011, Luis Felipe Ortiz Reyes
© English edition: The Extortioners

ISBN 978-1520283593
Editado por eM Ediciones Manoluiche
Caracas, Venezuela
emecicionesmanoluiche@gmail.com

ISBN eBook: 978-84-9009-139-5 DL: M-35356-2011
Primera edición Febrero del 2011
Impreso en España/Printed in Spain Impresa por Bubok Publishing
Impreso por Kindle Direct Publishing
EE.UU.

(ASIN: B00BBL97BU)
Segunda Edición setiembre 2012
Impreso en Colombia / Printed in Colombia Impreso por Autoreseditores.com

Tercera Edición marzo 2013
Impreso en Colombia/Printed in Colombia Impreso por Autoreseditores.com

Cuarta Edición diciembre 2013
Impreso en Colombia/Printed in Colombia Impresa por Autoreseditores.com

English Edition February 2014
ISBN 978-1-291-75020-1
Impreso por Kindle Direct Publishing
EE.UU.
Quinta Edición setiembre 2016
Impreso en Colombia/Printed in Colombia Impreso por Autoreseditores.com

Dedicado a todos los que estamos viviendo el
franco deterioro del ser humano.

Mis agradecimientos

al Embajador Dr. Nelson Lorenzo Barreto Herrera por haber sido el Lector Cero de esta narración;
y a Ana Leonor Ortiz Roldán por el diseño de la cubierta.

# PRÓLOGO

Luis Ortiz me ha pedido revisar su *obra "Los extorsionadores"* y me concedió el honor de hacer el prólogo de ella, una narración breve que me sedujo porque además de su valioso contenido, va un poco más allá en las formas; escapa de lo previsible y plantea la obra como un ejercicio de apuesta por romper moldes formales, estilísticos o de género literario, analizando, de manera crítica, la élite que gobierna y que, por medio de manipulaciones y mentiras se erige como estandarte de los valores y de la rectitud y la preocupación por el presente caótico del país en el que el final que se vislumbra es una catástrofe. Y es en ese análisis, y en el desarrollo de la acción, donde Luis Ortiz, como escritor, pone de manifiesto que los grandes pilares, que deben construirse y mantenerse firmes, pulcros e impolutos para sostener una sociedad a costa incluso de uno mismo, no es sino un farsa y un ejercicio de maquillaje que oculta los intereses reales de quienes utilizan precisamente la sociedad, que dicen y proclaman proteger, para acordar apoyos con los que apuntalar sus planes para perpetuarse en el poder; alimentar y acrecentar el beneficio propio y el de sus allegados, regidos únicamente por la avaricia, la corrupción y la ineptitud.

Nelson Lorenzo Barreto Herrera
Febrero 15 del 2011

## CONTENIDO

Prólogo

Introducción

# INTRODUCCIÓN

Dos asuntos importantes de comunicarles. El primero, que esta novela ha sido ambientada hasta enero del 2011, y aunque es cierto que no se puede hacer una lectura estrictamente rigurosa desde nuestra óptica actual, el momento histórico narrado, los personajes y los hechos no tienen fecha de vencimiento, porque las cosas, a pesar de que esta sociedad tercermundista se desconoce a sí misma y se desintegra en capas que se ignoran entre ellas, y los regímenes gobernantes, con su gran estrechamiento mental, se desdibujan tras las nubes del populismo, militarismo, autoritarismo e intolerancia y de caducos socialismos, en el fondo, a pesar de que la sociedad va cambiando de mentalidades y costumbres, aquello que nos inquieta, pero también aquello que nos conmueve, permanece inamovible al paso del tiempo y algunas situaciones, aun cuando quisiéramos, no pierden vigencia y resultan fácilmente reconocibles para los nuevos lectores. He pensado que esta narración refleja, no tanto el momento histórico al que me acabo de referir, pero sí, un estado de ánimo esperanzado y un punto escéptico con el que no resulta difícil identificarse sea cuales sean las circunstancias del lector; ya que esta obra no tiene como horizonte colaborar con el entendimiento de las cosas porque lamentablemente no nos damos cuenta de aquello que queda por entender y menos, cuando exprofeso se esconden varias capas bajo la superficie, a menudo complejas, sobre todo porque ronda permanentemente en la narrativa heterogenérica entre lo virtual y lo real. No obstante, busco provocar un cuestionamiento de lo que es y existe, y trato de seducir a los lectores hacia algún cambio para mejorar. El segundo, antes de empezar a leer, es importante estar enterados de que el autor y los personajes, pasan a ser invenciones o convenciones estratégicamente obligadas, a través de las cuales se hace inteligible la naturaleza ficticia del discurso donde la verosimilitud de esa ficción, ficticia y estratégicamente, me veo obligado en esta narración, por la estrecha, empobrecedora y aplastante situación política del país, a restringirme en el ejercicio de la libertad de la literatura, porque en este momento estamos bajo el totalitarismo, en este caso bajo el denominado "Socialismo del siglo XXI" impulsado por un líder que, engañando y prometiendo sin cumplir, caló en lo más hondo de los esperanzados y que finalmente, haciéndose del poder con una conjura de buscavidas y resentidos sociales y de aprovechados, más que de fanáticos convencidos o desprendidos idealistas, termina en corrupción, robo, comportamiento oligárquico, decisiones erráticas y represión paranoica y sangrienta, la que acaba sufriendo aquel pueblo al que decían estar llamados a proteger y satisfacer sus necesidades. De manera que les voy a hacer "una confesión de parte": "no soy su verdadero autor". Un ejemplar impreso en papel acompañado por un pendrive contentivo de la narración, fue encontrado por mí en una banca, en la Universidad Central de Bartoleé, después de haber comprado un libro, paradójicamente, sobre derechos de autor, en el pasillo de ingeniería. Estaba sentado dándole una ojeada al libro recién adquirido, y vi a mi lado, sobre una mesa, un sobre de manila. Una enorme suspicacia se apoderó de mí y dudé unos instantes en tomarlo por aquello de los "sobres bomba". Miré a mí alrededor. Un hombre me observaba; su aspecto era impecable y transmitía serenidad y confianza detrás de su barba blanca y lentes montados al aire. Con una sonrisa cálida y afable, giró y se perdió entre la multitud que colmaba el pasillo. Nadie, con la sola salvedad de quien escribe, puede imaginarse el susto del carajo que yo sentía. Aun así, o quizás por eso o por fortuna, no lo sé aún, percibí la leyenda "ábralo sin miedo", y así lo hice. Abrí el sobre y lo primero que me llamó la atención fue esta nota anexada formando parte de su contenido: "A quien le interese puede publicar esta vaina como propia". Inmediatamente mi curiosidad se aceleró. Tomé el fajo de hojas, empecé a leerlas y poco a poco quedé cautivado por lo que allí se relataba. Las últimas luces del día estaban próximas a caer sobre la ciudad universitaria. Consulté el reloj. Pasaba de las cinco y ya era solsticio de invierno. Comenzaba a oscurecer cuando regresé a mi casa dejando tras de mí una tarde calurosa de cielos azules y sol resplandeciente. Dentro olía a ausencia, me dirigí al balcón y me asomé a contemplar la ciudad en sombras. No pude contenerme y me fui de inmediato al estudio, y en una sola sentada terminé su lectura. Días después intenté modificarla, pero por fortuna me contuve, la reformateé, la envié a mi amigo Nelson Barreto para que revisara y corrigiera los gazapos. Posteriormente, haciendo un acto puro de contrición, me atreví a enviarla a un concurso literario. No ganó, Ya para ese momento la había modificado sustancialmente. Las máscaras que impone la convención social configuran la conducta de los personajes que intervienen, porque el medio social tiene una importancia capital y las circunstancias del entorno y los conflictos que estos generan, determinan el comportamiento de los personajes ficcionales de esta narración, postulados cercanos al naturalismo literario del que se adopta, indudablemente, una aproximación a la realidad. De manera que la voz conferida a cada uno de los personajes, responde, hasta cierto punto, a la realidad y, si se logra soslayar el estereotipo, es porque se trató de escuchar, en algún momento, las voces que pueblan la conciencia. En fin, en esta corta narración no se persigo explicar la sociedad basándose en los mitos tradicionales, sino que, algunas veces, éstos han venido siendo transformados en elementos más sofisticados y, a veces, incomprensibles, como, por ejemplo, la manera en que el poder económico e ideológico domina a un país, de frente o en la sombra, o una persona o grupo de personas intentan hacerlo con otros. En este trabajo se ha tratado de articular el discurso a través de una repetición de diálogos, donde son abordados los enigmas y dilemas de la acción humana vinculados a la política, esa cuestión fundamental que agobia actualmente al país. Repetición que se extiende hasta las explicaciones políticas y gestos de los personajes. Es una repetición que en última instancia, alude a lo efímero de todo lo existente, a la búsqueda, a veces imprecisa, de la singularidad, manteniendo el límite entre la ficción y la realidad, pero lógicamente, asociando la ficción con la invención, la fantasía y el producto imaginativo y menos, tal vez, con los procedimientos de figuración, narración, ambientación, descripción, manejo de la temporalidad y la espacialidad, propios de la ficción concebida como forma de moldear la narración para ofrecer una visión o interpretación de la realidad, pero que en definitiva terminan fusionándose en un discurso que afirma su verdad mientras se cuestiona, mientras se hace y deshace a través del espesor de la humanidad, la miseria, el esplendor y la forma compleja y a veces contradictoria, en la cual, los personajes pertenecientes al mundo político, se mezclan con los personajes imaginarios revestidos en la narración, en una transgresión de los límites entre lo real y lo imaginario que sirve para acentuar la verdad que se afirma mientras se borra, se niega y se tacha. Por ello es posible que a algunos no les guste el tono de humor, sutil ironía, y algunas veces hasta de sarcasmo, empleado al retratar figuras y episodios, con la ambición de aprovecharse de ellas para dar forma a esta verídica narración del mundo tal como es. En esta obra se desarrolla el carácter doble de una novela con dos historias. En primer plano es narrada la extorsión realizada por un hombre a otro hombre y en segundo plano emerge una narración elíptica y fragmentaria de una extorsión producida por un sistema político opresor, en los intersticios de la historia del primer plano. Se trabaja con dos historias; con dos sistemas diferentes de causalidad. Los mismos acontecimientos entran simultáneamente en dos lógicas narrativas. Los elementos esenciales de esta narración tienen doble función y son usados de manera distinta en cada una de las dos historias. Los puntos de cruce son el fundamento de la construcción de la materia ambigua con la que se trata de hacer funcionar la maquinaria de la narración tratando de emplear, sobre todo desde el punto de vista económico, el lenguaje menos técnico, debido a la rápida y masiva importancia que ha tomado la economía política, a la par de la preeminencia que ha cobrado el Estado en la vida económica de los ciudadanos, que lleva a que, en la vida cotidiana, privada y pública, los más variados personaje, con las más diversas formaciones, opinen con tal desenfado y aparente propiedad, que tal parece que se tratara de análisis fáciles de emprender y de hechos cuya interpretación está al alcance de todos. Como es lógico, al avanzar en este escrito, se pregunta ¿Cómo cerrar esta narración que abre tantas líneas y disyuntivas de los géneros literarios? En la elección del desenlace se ha jugado el efecto del cierre, y se trató de acertar llevando hasta sus últimas consecuencias la trama donde confluyen los diferentes hilos de la narración y las tesis literarias y vitales tejidas. Así son de caprichosos los pasadizos de las narraciones que te llevan a donde no sabías ir, y encuentran siempre interesantes salidas. Una de las historias tiene una estructura cerrada, enigmática y oscura, con un final sorpresivo, contada con el propósito de dar paso a la historia del segundo plano que al final es el objetivo de esta narración y, aun cuando exprofeso no se cuenta con claridad técnica, no se resuelve nunca, pero permite reflexionar sobre las ideologías políticas y sus dirigentes, que han demostrado una inexcusable ignorancia de la dinámica de los fenómenos técnicos, económicos y políticos, factores estos que son más que suficientes para la creación de un caldo de cultivo propicio a la improvisación, al empirismo y sobre todo a la corrupción, causando graves perjuicios a todo el cuerpo social, a toda la comunidad que sufren las consecuencias sin que la voluntad y el consentimiento de la mayor parte de los ciudadanos haya intervenido. Lamentablemente se eligen a personas sin un mínimo de conocimientos sobre el funcionamiento de las áreas vitales de la sociedad. Allí, quizás, reside la causa de que nuestra economía, la de los gobiernos populistas, se resienta de la ausencia de criterios para dirigir un país. Con lo anterior, no se pretende, ni siquiera se piensa, sostener que, para ocupar determinadas posiciones públicas de trascendencia, se requiera ser un profundo conocedor de la materia; pero sí que se exija un mínimo de conocimientos teóricos, no prácticos, pero si deseables, necesarios para comprender y analizar la realidad socio-económica por la que atraviesa el país. De manera que de un núcleo central parten las dos historias objeto de esta narración: la excusa y la realidad, que se enlazan y entrecruzan en el texto, que, a pesar de estar cargado de preguntas sin respuestas, en definitiva, propone un cuestionamiento de la ideología gobernante y a la vez hace un esfuerzo por mantener el dinamismo del discurso buscando la pluralidad ideológica al tiempo que trata de otorgarle una verosimilitud extrema y poner al lector en absoluta comunión. Así, el discurso de esta narración permite extender la actual situación que hoy nos agobia, hasta la crisis de identidad latinoamericana, producto del fenómeno de la mundialización y la inherente pérdida de los valores universales, así como la singularidad. El juicio emitido y el diagnóstico del sistema económico que se pretende imponer, en la medida de las posibilidades, trata de que apunte a un desarrollo libre e ininterrumpido que desentrañe los males y deficiencias estructurales que aquejan a nuestra sociedad. En tanto, todo será interpretado en el interior de la narración por personajes que viven la realidad de una decadente y extorsionada sociedad, donde el ciudadano de hoy no es dueño de sus orígenes, ni de sus finalidades, ni menos aún de su futuro; sino que es un rehén, una víctima del sistema, y su finalidad está al lado de ese sistema y no del individuo. En este sentido, esta escritura permanece en la añoranza de una totalidad, del abarcamiento de una sociedad libre, donde el hombre se sienta impelido a hablar y disentir en materia económica y política. Y no fundamentalmente el hombre culto, el universitario o el político, como en tiempos pasados, sino el hombre común, el de a pie; como que hasta ellos llegan en la actualidad las ondas tumultuosas de la explosión política. Finalmente es el deseo que, en otra oportunidad, otro narrador pueda extender y completar este trabajo, este diálogo inconcluso con otras imágenes y metáforas en otras narraciones, sin necesidad, de representarse entre otros o a través de otros, tratando de confundir al lector achacándole a otro la voz cantante, disfrazando, ocultando su identidad, un autor que narra algo prohibido, evitando la persecución que llevaban a cabo contra cualquier forma de disidencia política, retratada siempre como subversión imperialista, tener un nombre difícil de recordar o liberarse de la presión de publicar con el propio. Como el lector sabe, escribir simulando que lo narrado proviene de otro, o utilizar un seudónimo, fue una práctica común en la literatura y el periodismo de los siglos XIX y XX. A muchos escritores, desde Mark Twain hasta Pablo Neruda, no los conocemos por sus nombres reales: Samuel Langhorne Clemens y Neftalí Ricardo Reyes, respectivamente, sino por aquellos que, por un motivo u otro, decidieron dejar estampados en sus libros. La práctica del seudónimo hoy está casi desterrada en su sentido original. En una época en la que sobreexponemos nuestra identidad, en la que armamos una marca personal en Twitter, Facebook, Instagram y Snapchat, ¿cómo escapar del nombre propio? Paradójicamente, es en ese territorio, el de las redes sociales, donde el seudónimo tradicional muere (ya no habrá otro Mark Twain/Samuel Langhorne Clemens) y donde vuelve a nacer, pero convertido en algo distinto. Detrás de la pantalla, creamos como artesanos digitales nuestra identidad, pero también podemos inventarnos una nueva, que se convierte en un personaje literario, que interactúe con sus lectores, como un satélite de nosotros mismos o como una novela narrada en primera persona.

# CAPÍTULO 1
## INSOMNIO

"No es que no sepa explicarme mejor, es que a ver quién eres tú para merecer mejor explicación". Rubén Martín Giráldez Pedro Pablo Casanueva Talabarte, consternado por la injuria de la cual estaba siendo objeto, se fue a la cama más temprano que de costumbre, pero el cuestionamiento de aquella realidad lo llevó inmediatamente al pensamiento conflictivo de su propia realidad que anunciaba el camino hacia una noche angustiosa. Comenzó a oír con mayor intensidad el ruido emanado de los pisos de madera de la vieja casona en la cual vivía desde hacía diez años. Una propiedad en otros tiempos de su madre, con las habitaciones rodeadas de trofeos de cacerías, fotografías dedicadas a lo mismo, muebles rústicos de estilo español y otras reliquias de épocas pretéritas. No era un sitio muy bonito, a decir verdad; grande y más bien oscuro, pero, en cualquier caso, ya por encima de sus posibilidades para mantenerlo. Pues sí, Pedro

Pablo logró hacer un trueque con su madre doña Consuelo Trinidad Talabarte de Casanueva, por una casa más nueva construida por él. Esa vieja casona, en la que soñó vivir para siempre, está enclavada en lo alto de la colina Loma de Pico, en las afueras de San Fermín, con la magnífica vista del cerro El Tocón y de la ciudad que se extiende a lo largo del piedemonte Sanferminero, aceleradamente rodeado por otra ciudad que él nunca imaginó: anárquica, marginal y llena de peligros. La casa parecía una catedral dudosa de que hubiese un Dios. Incluso el nombre era típico: "El Gran Congrio", sobre todo la segunda palabra. No tenía el toque del humano estilo español de imitación que anima tantos hogares de Bartoleé; era la casa genuina de los que buscaban lo genuino en la madera y la piedra, pero con una frialdad incapaz de superarse. Sin embargo, una vez asentado dentro de la casa, conseguía paz y tranquilidad, lo cual en gran parte se lo permitía su permanencia en las habitaciones de grandes dimensiones y elevadas paredes recubiertas de trofeos de caza: cabezas disecadas de venados, lobos y osos, las cuales hablaban bien claro de las aficiones de su dueño. En medio, entre los jabalíes disecados y las cornamentas de los ciervos, se veían escopetas, rifles, pistolas y cartucheras. En el suelo, a los pies de una mesa, dos piles de tigre. De manera que, sin ninguna dificultad, como narre anteriormente, colocaba y recolocaba los trofeos recolectados en su época, hoy de continuo arrepentimiento, de cazador en África: Los unicornios ya estaban extinguidos y no los pudo cazar, pero exhibía cabezas disecadas de gacelas, cebras, cueros de tigres, orejas y colmillos de elefantes, incluso la cabeza del primer burrito que tuvo su hija Teresita. Puedo atestiguar que en las veces que visité su casa nunca vi esqueletos de dinosauros ni cabezas de unicornios, seguramente porque los primeros se extinguieron hace mucho y los de unicornios, porque créanlo o no, esto no es ningún cuento... ¡por favor! En fin, testimonios de proezas irracionales, irrepetibles y hoy incomprendidas hasta por el ministro del Ambiente y él mismo.

# CAPÍTULO 2
## AYUDAS HUMANITARIAS

La genealogía mental lo emboscaba y le construía cárceles y tragedias, que si bien eran miedos, a menudo miedos de otros, el rumor pegajoso con que la genealogía mental lo embosca y le construye esas cárceles y tragedias que en realidad no le deberían corresponder, hacía que oyera grillos invisibles y el aleteo estelar de las temidas y tan repudiadas por él, mariposas nocturnas negras y peludas, alborotadas por los torrenciales aguaceros que asolaban a Argentina, Brasil, Colombia, Venezuela y por supuesto, a Bartoleé, incluso, Australia y España, los cuales obligaron penosamente al Benemérito Comandante Presidente de Bartoleé, Teodolindo Salpicado, a recibir ayuda humanitaria de países amigos que tocaron la puerta para darles una mano. En aquella época la situación del país aparentemente se mecía entre el socialismo y el capitalismo. Las discusiones a cualquier nivel eran monotemáticas y las opiniones dependían de las dioptrías que corregían la miopía política de los ciudadanos bartoleénses.

Algunos, como Pedro Pablo Casanueva, consideraban que Bolivia, gracias a la buena voluntad y eterno agradecimiento del hermano Evo Morales, inmediatamente había enviado el barco que otrora un presidente venezolano le había obsequiado a su país y que ahora permanecía anclado en aguas internacionales frente a las costas peruanas, esperando que le den una salida nacional (boliviana) al mar. El barco venía repleto de azúcar, leche en polvo y palmito; así como medicinas y sobre todo de cobijas de pelos de alpaca y vicuña, así como toneladas y toneladas de coca para fortalecer a los milicianos y al Comandante Presidente, que tanto elogiaba los atributos reconstituyentes que notaba en su estado mental, le daba bríos y le aliviaba los dolores crónicos en su hombro izquierdo producido por el juego de softball con sus barrigones generales. —Estamos pensando que la situación económica y de abastecimiento que impera en Bartoleé, nos da la oportunidad para tratar de venderle algunas cosas. De manera que me he reunido con el sector empresarial, especialmente con los directivos de Pro Bolivia y la Empresa de Apoyo a la Producción de Alimentos (Emapa), con el propósito de que se analice la posibilidad de venderles arroz, azúcar, leche en polvo y maíz, así como también productos de aseo personal como champú y jabón, y artículos de limpieza como lavavajillas y diferentes tipos de detergentes. ¡Tenemos un buen negocio en puerta! —termino anunciando el presidente cocalero Evo Morales. Lo que, si no podía controlar El Benemérito, era el tic ese que le subía el labio superior por su derecha y los mocos que siempre tenía que estar subiendo por su fosa nasal para luego llevarlos por el tubo digestivo hasta el estómago. Ahora, de lo que sí estaba seguro era de que con estas cocadas que se metía, el asma y el hambre desaparecían, podía comer el dulce que le enviaba su mama y que él comía desde muy niño y hoy, sin preocuparse por su diabetes, soportaba mejor la altura en la cual se montaba cuando se dirigía a algún proletario hambriento. De manera que no cambiaba por nada en el mundo, los diarios bebedizos preparados especialmente para él, por el herbolario del Palacio Presidencial. También veía con gran satisfacción el que el mandatario iraní no los hubiese abandonado, ya que enseguida despachó un avión tipo cava refrigerada, que recordaba al "Sierra Nevada" de Venezuela, cargado de toneladas de piedras y huevas de esturión "persa cario" para que su gran amigo, el Comandante Presidente Teodolindo Salpicado, se fortificara. — ¡Caramba todos quieren fortificar a El Comandante! Para que pueda resistir tan descomunal desastre nacional —recordaba Pedro Pablo las palabras de los asesores endosados al cargamento. —Ellos traían la misión de asistir técnicamente al Poder Ejecutivo en el uso y lanzamiento de piedras para asegurar la eficaz lapidación de las infieles opositoras que, como una plaga, se vienen reproduciendo en Bartoleé. Tengo conocidos que están medio confundidos —aseguró Pedro Pablo, quien siempre saca esto a colación en los agasajos del partido. —Pero sin embargo respaldan la actitud de los camaradas cubanos ante semejante tragedia. Reconocen que redoblaron desinteresadamente las ayudas tecnológicas y gerenciales que desde hace años vienen brindándole a Bartoleé. En base a mis explicaciones han logrado entender la conveniencia, para Bartoleé, de la firma de un acuerdo, (según informaciones de Barclays Capital) para obtener el petróleo con 50 % de descuento y con pagos en especies o servicios, para luego recomercializarlo a precios internacionales. Fíjense, nuestra revolución no es egoísta, porque similar a lo que hace nuestra vecina Venezuela con Petrocaribe, donde prácticamente ha prometido regalar refinerías, nosotros también despachamos petróleo y productos derivados a 18 países del Caribe y Centroamérica.

CAPÍTULO 3

CONVENIOS

Así es, tanto Bartoleé como Venezuela han administrado mal sus inmensos recursos petroleros; recursos que son fáciles de producir si hay un cambio en el gobierno que ejerce influencia política y energética sobre sus vecinos, lo que ha creado dependencia energética y financiera y de paso, ha debilitado la seguridad nacional de EE.UU. que se fortalecería si termina esa dependencia al petróleo subsidiado. Por supuesto, nada de esto es gratis pues esta ayuda está significando una pesada carga financiera que se ha traducido en necesidad de más y más endeudamiento, debido al alto nivel de financiamiento de la factura de esos convenios, la cual ya alcanza a 20 mil millones de dólares, en condiciones sumamente ventajosas para los países beneficiarios quienes mantienen convenios establecidos con condiciones que solo benefician a los países del Caribe. Los países pagan 40 % por ciento del precio total de los barriles de petróleo y 60 % ciento restante se les financia por 20 o 23 de años, con una tasa de 1 % y le son anotados, en las cuentas por cobrar de Antigua, Bermuda, Bahamas, Belice, Cuba, Dominica, Grenada, Guatemala, Haití, Honduras, Jamaica, Nicaragua, República Dominicana, San Cristóbal y Nieves, San Vicente y Las Granadinas, Santa Lucía, Surinam y por cierto, Guyana, país en el que probablemente exista petróleo de alta calidad en los pozos Liza ubicados en el bloque Stabroek, que se encuentra en la cuenca entre Guyana y Surinam y es reconocido por el Servicio Geológico de EE.UU. como la segunda mayor área del mundo con petróleo sin explorar. Adicionalmente, vale recordar que el Gobierno de Venezuela considera ese territorio como venezolano y como una zona Operativa de Defensa Integral e incluía ese territorio marítimo, ubicado en el Esequibo, una zona de unos 160.000 kilómetros cuadrados que los venezolanos reclaman y que supone dos terceras partes del territorio guyanés, donde, Exxon Mobil Corporation, por intermedio de la Esso Exploration and Production Guyana Limited, filial de Exxon Mobil, están trabajando intensamente en el mar de Guyana y tienen mucha esperanza en el yacimiento Ranger-1 y han anunciado la construcción de una plataforma petrolera en el Stabroek Block, un bloque petrolero sobre el que la Exxon Mobil tiene puestos sus ojos desde hace varios años, ya que se estiman reservas que sobrepasan los 3.200 millones de barriles equivalentes de petróleo. Por cierto, desde 1966 no ha habido muchos avances en las negociaciones entre Venezuela y Guyana que en 1970 firmaron el Protocolo de Puerto España, mediante el cual se congeló todo durante 12 años. En 1983 el caso fue llevado por Venezuela ante el secretario general de las Naciones Unidas y en 1987, ambos países aceptaron su mediación para resolver el diferendo, que continúa en el limbo, por falta de empeño por parte del gobierno socialistoide de Venezuela. De cualquier manera, Bartoleé más temprano que tarde, tendrá problemas para mantener el suministro de los 120.000 barriles diarios de crudo a Cuba, ya que el crudo liviano de 28 grados API, el único que puede procesar la caduca cafetera cubana Cienfuegos, que solo tiene una precaria destilación primaria, es necesario para combinarlo con los crudos más abundantes, pero mucho más pesados que produce Bartoleé, para hacer mezclas más tolerables en los mercados internacionales. Algunos países de Centroamérica y el Caribe se preparan para recibir menos cargamentos del petróleo barato que les vende Bartoleé, quien más temprano que tarde tendrá que lidiar con la caída de los precios del crudo y una crisis socioeconómica y política muy profunda, que originará un tremendo caos en su presupuesto y sacudirá los mercados financieros y obligará, a las mayores compañías de energía del mundo, a anular sus planes de inversión, sus gastos, y conducirá a algunos de ellas a retirarse del mercado debido a los bajos precios, lo que pondría a muchos países dependientes del petróleo en peligro de recesión. En efecto, como hemos venido observando, el precio del petróleo ha venido derrumbándose por una combinación de factores, como el exceso de oferta en el mercado, la desaceleración económica, tal vez temporal de China y el incremento de la producción en países como Estados Unidos, con consecuencias para los empleados que alcanza despidos de más del 10 % de la plantilla. Adicionalmente los clientes están invirtiendo un 50 % menos en Estados Unidos y un 25 % menos en los mercados internacionales y está claro que las oportunidades de negocio serán mucho peores en los próximos años; peores que los anticipados y las acciones de las compañías petroleras caen constantemente. Detengámonos un momento y analicemos algunas de las causas de las turbulencias financieras registradas en los últimos tiempos y en las posibles consecuencias de un fenómeno mucho más amplio y profundo: el fin del dinero barato a nivel global. Siendo el dólar la moneda de reserva por excelencia, y la Reserva Federal el banco central que marca sus designios, el progresivo endurecimiento de la política monetaria que lleva a cabo EE.UU., se traduce en un encarecimiento del crédito y una menor liquidez, cuyo impacto pone a prueba el modelo de crecimiento seguido por algunas potencias emergentes a lo largo de los últimos años. Muchos fueron los mercados que recibieron ayudas, pensando en una mayor rentabilidad tras el estallido de la crisis financiera internacional en 2007 y las laxas políticas monetarias aplicadas en EE.UU. y Europa, que, en crisis, se traduce en "aversión al riesgo" y provoca una fuga de capitales, con la consiguiente depreciación de sus monedas, cuya evolución dependerá, en última instancia, de la fortaleza que presenten estas economías y las medidas que adopten sus respectivos gobiernos. En general, países como Argentina, Brasil, China, Colombia, India, Indonesia, México, Turquía y Venezuela, que sufren un mayor déficit por cuenta corriente y una deuda externa más elevada y, por lo tanto, más dependientes de la financiación exterior, experimentarán mayor vulnerabilidad ante la menor liquidez disponible. Por esta simple razón, el volumen y la estructura de crédito presente en estos países debe amoldarse de algún modo a su verdadero nivel de solvencia. Algo distinto es que estas turbulencias acaben desembocando en una nueva crisis de los países emergentes, similar a la que tuvo lugar a finales de los años 90, ya que hoy, a diferencia de entonces, su peso ha crecido del

40% al 60% en el Producto Interno Bruto (PIB) mundial, esto es, la cantidad de bienes y servicios que esa naciones producen en un año. Y dentro de los emergentes, Asia, con más de 2 billones de deuda denominada en dólares, y más concretamente China, debido a que la apreciación del dólar encarece la financiación y acelera la fuga de capitales, impactando en sus monedas y generando, en los mercados nerviosismo e incertidumbre, en cuanto a potenciales nuevos aranceles, que acrecientan las dudas entre los inversores, lo cual hace tambalear la economía mundial.

Desde hace un tiempo, Rusia y China están construyendo una asociación más estrecha en cooperación energética, esto es, petróleo, gas, carbón y centrales nucleares y avanzan en la reconfiguración mundial, en la Eurasia roja que busca desplazar a Estados Unidos como líder mundial que busca ser la nueva hegemonía internacional. En ese orden de estrategias, la expansión de las infraestructuras de la Nueva Ruta de la Seda habrá de garantizar el creciente comercio de China y todos sus brazos en el gran continente eurasiático, y el desplazamiento del dólar como moneda de intercambio principal mundial y sus partidos comunistas continuarán manteniendo diálogos en profundidad sobre experiencias de gobernanza, sinergizando estrategias de desarrollo y promoviendo la cooperación internacional y multilateral.

Los 13 beneficiarios de la generosidad de Bartoleé y Venezuela, han dependido, en gran medida, de su crudo para financiar gastos sociales y proyectos de infraestructura, a cambio de asegurarles su apoyo en el escenario internacional como las Naciones Unidas, la Organización de los Estados Americanos y otros organismos regionales. Los gobiernos de algunos de los países beneficiarios del programa, venden el crudo a su precio normal o simplemente destinan los ahorros a programas sociales y proyectos de infraestructura, mientras que resarcen con arroz, pollo, frijoles, jeans y otros productos, que les venden a precios artificialmente altos, incluyendo el envío de médicos cubanos de baja calificación. En todo caso, el sueño del mesiánico Comandante Teodolindo Salpicado, de aprovechar la influencia de la riqueza petrolera de su país para propagar su caduca revolución a lo largo de Latinoamérica, no podrá durar mucho porque inevitablemente ese esquema de gobierno populista y extremadamente corrupto, no es sustentable a largo plazo: su peso está generando una gigantesca crisis económica que forzará a reducir su financiamiento a, y, de los países vecinos, algunos de los cuales, ante las promesas incumplidas, incluyendo a los parásitos cubanos, pronto buscaran diferentes derroteros y otros, como Brasil, China, Colombia y Panamá, empiezan a exigir el pago de las millonarias deudas por los bienes y servicios prestados, y ya comentan en, "pequeño comité", que Bartoleé parece estar siendo llevada a la bancarrota por el enmarañamiento administrativo protagonizado por el régimen, y con sarcasmo, ven una luz al final del túnel, ya que el gobierno oye con atención al banco estadounidense de inversiones Goldman Sachs, quien ha ofrecido comprar la deuda contraída por el crudo suministrado a través de los convenios de Petrocaribe.

CAPÍTULO 4

LOS AMIGOS

Con frecuencia, el mandatario bartoleénse arremete con un lenguaje soez y vulgar, no solo contra EE.UU., sino también contra todo aquel país cuyos personeros traten de dar un consejo, con palabras como "rastrero", "lacayo", "pitiyanqui", "enemigo", etc. y anuncia el rompimiento de relaciones diplomáticas y hasta comerciales, así como la expulsión de diplomáticos, acusándolos de injerencia y exigiéndoles excusas a pesar de que es, el mandatario Bartoleénse, el ofensor. Una táctica bien aprendida de sus hermanos cubanos. No pasará mucho tiempo para que el gobierno de Bartoleé, para tratar de cumplir con sus obligaciones, tenga que ir reduciendo los subsidios, las inversiones y los programas de ayuda que han venido siendo la piedra fundamental para controlar, según sus palabras, "las conspiraciones para sabotear la economía provenientes del imperio norteamericano" en Latinoamérica y que ha totalizado más de 100.000 millones de dólares desde 1999; de lo contrario, tendrá que ir endeudándose cada vez más, rebajando los salarios y/o despidiendo trabajadores de su abultada administración. A pesar de todo esto, luce improbable que una sebera crisis de deuda se presente a corto plazo, hasta el punto de bancarrota, en momentos en que los bancos de Wall Street están ávidos por extender préstamos y, aunque el gobierno socialistoide de Bartoleé siga acusando a Estados Unidos de conspirar para desestabilizarlo, el Banco Central de Bartoleé, no tardará mucho en tratar de negociar una línea de crédito con ellos, utilizando como garantía sus considerables reservas de oro. De hecho, su vecino venezolano está negociando actualmente, respaldando con el oro, un préstamo de 1.000 millones de dólares, con el banco estadounidense Citibank. En este mismo sentido, para compensar la caída de sus ingresos petroleros, el gobierno venezolano negocia contraer un endeudamiento de 2.000 millones de un fondo binacional con China y 1.900 por la reestructuración de una deuda por petróleo de República Dominicana. Esas operaciones, permitirían al gobierno sumar más de 7.000 millones de dólares a las mermadas y dilapidadas reservas. De todos modos, los días de notorias bravuconadas geopolíticas, cuando El Comandante Teodolindo Salpicado trazó planes para construir 68 refinerías y un oleoducto por toda Sudamérica, se tendrán que convertir en mentiras del pasado, porque a juro tendrán que poner la casa en orden y es de suponer que si Bartoleé no puede seguir enviando petróleo a otras naciones, a un precio irrisorio, EE.UU. podría recibir un flujo migratorio masivo de Venezuela, Cuba, Haití y otras naciones de América Central y el Caribe, cuyas economías están agonizando. — Igualmente —continuó explicando orgullosamente Pedro Pablo, a las personas poco o mal informadas de los logros de la supuesta revolución—, les he mostrado los beneficios ambientales y económicos que se desprenden del otro acuerdo firmado para que los cubanos adquieran la chatarra férrica a 120 dólares la tonelada y venderla, acorde a precios de mercado, a 450 dólares. De esta manera damos una ayudita a nuestros hermanos. Al fin y al cabo, somos los mismos: Bartoleé, Cuba y Venezuela. Mi amigo, el Ministro de Salud y Alimentación me ha dicho —continuó aclarando—, que como la tragedia ha sido de magnitudes descomunales: el gobierno de los humanitarios cubanos reforzó el apoyo "científico" que había venido prestándonos en el suministro de vacunas para combatir el dengue, la fiebre Chikungunya, la gripe AH1N1, el Zika, la difteria, la malaria y el cólera. También su apoyo ha sido considerado muy agradecido en la adquisición de alimentos y su almacenamiento seguro en containers, para asegurar su distribución en los mercados solidarios existentes a lo largo, ancho y alto (por los cerros) de Bartoleé. Y menos mal que tenemos buenos amigos — continuaba explicando Pedro Pablo a diestra, centro y siniestra; bueno más que todo a la siniestra—. Los rusos entendieron inmediatamente la magnitud de la tragedia por la cual estaba atravesando Bartoleé; en esa tierra las cifras desbordan la capacidad occidental. Ese es un país donde todo es desproporcionado siempre, bajo cualquier aspecto que se le mire. Desproporcionada la riqueza y la miseria, sus convicciones y sus ámbitos. Ellos también sufren frecuentemente las falsas acusaciones por parte de sus opositores, de ambiciones imperiales y de una política nacional incorrecta; no obstante, propusieron, como fue aceptado, encargarse diligentemente de la explotación del bitumen y del oro, este último diezmado hasta ese entonces por hordas de garimpeiros brasileros. Después de los desfiles militares y la mutua colocación de las muy merecidas condecoraciones llevadas a efectos en el encuentro presidencial, tanto Dimitri Medvedev, como el todo poderoso Vladímir Vladímirovich Putin, una vez mandatario otra lugarteniente, se comprometieron a otorgar, un préstamo de 12.000 millones de dólares, por intermedio del consorcio ruso Rostec, uno de los mayores productores mundiales de armas, aviones, helicópteros y otros equipamientos. Este préstamo a "bajo interés" permitirá a Bartoleé sumar armamento a los ya adquiridos "modernos vehículos Lada", aviones Sukhoi-30 Mk2, fusiles de asalto Kalashnikov AK-103, helicópteros MIG-25 y MIG-26 artillados con 48 cohetes y una ametralladora en la nariz, así como tanques 92T-72B1 con un blindaje NDZ y con un control de misiles 9M19 Svir AT-11 SNIPE y visión nocturna en el visor del artillero. Aparte de los tanques, también fueron negociados y más tarde recibidos, 16 vehículos blindados de combate de infantería BMP-3; 32 vehículos blindados de transporte de personal anfibios BTR-80A; 24 lanzacohetes móviles 9K51 BMP-21 Grad con un alcance de hasta 40 km; 4 vehículos blindados de observación para unidades de artillería y 13 morteros autopropulsados 2S23 Nona-SVK de 120 mm montados en vehículos blindados. Entre otro material militar suministrado por Rusia figuran 24 morteros remolcados Sani de 120 mm; cañones bitubos antiaéreos ZU-23-2 de 23 mm y camiones tácticos 4×4 "Ural" 43.206 y otros armamentos, así como entrenamiento de pilotos y tropas para "defender la patria". "¡Esta es una revolución pacífica, pero armada!", expresó amenazadoramente, como es su costumbre, el comandante Teodolindo Salpicado. Pedro Pablo agregó que Bartoleé es objeto de amenazas por parte de los colombianos apoyados por el cada vez más inhumano Plan Colombia y aseguró que El Comandante Teodolindo Salpicado recordó que hasta el final del gobierno de ese "pitiyanqui" del carajo, Álvaro Uribe Vélez, los colombianos suministraban, claro, preferencialmente para ellos, todo un sin número de alimentos incluyendo huevos fértiles y pollos, todo lo cual afortunadamente permitía que los de Bartoleé se convirtieran en gallos, cuyo canto mañanero aseguraría el temprano y apacible despertar de los bartoleénses. Estos son cuestiones que la oposición no entendería jamás, continuó explicando Pedro Pablo, así como tampoco ha querido entender los esfuerzos realizados para la importación, con divisas preferenciales, de tabaco, licores, salmón, aceite de oliva, aceitunas, quesos madurados y hasta toreros, así como corridas de toros; estas últimas, para darle oportunidad a los toreros de Bartoleé de trabajar como buhoneros y a los toros de convertirse en bueyes.

## CAPÍTULO 5
## LAS CONVERSACIONES DE PAZ

Los que tenían una oportunidad de hablar aprovechando los respiros que Pedro Pablo se daba mientras bebía Whisky, no ron, porque este no se ofrecía en los agasajos gubernamentales, opinaban que con la nueva presidencia colombiana en manos de Juan Manuel Santos, de quien se dice es muy amigo de las FARC y, a decir del Comandante Presidente, es el "nuevo mejor amigo" tanto de Bartoleé como de la vecina Venezuela, las relaciones han venido mejorado notablemente a raíz de la firma del acuerdo de comercio permanente y a cero arancel para llenar de dólares a los 40 millones de habitantes de Colombia y de rublos de todo tipo, incluyendo agüita de colores, a los 30 millones de bartoleénses; hasta el punto de no tener que embarcarse Bartoleé en la producción de bien alguno, ya que los que otrora se producían en Bartoleé, ahora son suministrados a precios especiales por la Argentina kischerniana, Brasil y

Uruguay, gracias a la afortunada y muy merecida quiebra de los otrora oligarcas, opositores y escuálidos ganaderos criollos. —Venga y le cuento, ya que mencionan a nuestros hermanos colombianos. ¿No sé si han oído, que se han iniciado las conversaciones entre las gloriosas FARC y el gobierno de Santos? — ¡Cuenta, cuenta, ala! — En Cuba, que es prácticamente Bartoleé; somos los mismos, se realizan las negociaciones, que más tarde se refrendarían en un plebiscito. Nuestro país, al igual que Venezuela, se ha ofrecido para ser mediador. Sin duda alguna seríamos uno buenos mediadores; eso sí, neutrales, sin poner por delante nuestra ideología, sino los intereses del pueblo colombiano. —Pienso que lo más difícil es quitarle a las FARC, el cartel más grande del mundo, según la DEA, el negocio del narcotráfico, que es la base fundamental de su supervivencia y es considerado el negocio ilegal más lucrativo del planeta, el que más ganancias produce, superando los ingresos combinados del tráfico de armas, de diamantes y la trata de personas. En fin, no hay quién ignore en el mundo que las FARC no son otra cosa que un cartel de la cocaína. Muchos de sus miembros han sido capturados por homicidio, narcotráfico y concierto para delinquir. —No, eso es falso, las FARC no tiene nexos con el narcotráfico. Los cultivos ilícitos son la secuela del abandono estatal del campo. —Además entiendo que los que dicen padecer o han sufrido las atrocidades de ese conflicto armado, insisten para que su voz sea escuchada en la mesa de negociaciones y consigan, de algún modo, la reparación, de lo reparable, a los daños causados. Estoy convencido que la indemnización de las víctimas se convertirá en otro laberinto sin salida.

— ¡No jodás!, esas son vainas de Kofi Annan, el hijueputa negro ese, exsecretario general de las Naciones Unidas (ONU), para embolatar las conversaciones y el proceso de paz. En realidad, las víctimas son las FARC y sus familiares, los otros son parte de los verdugos. —En esto hay mucho cinismo, porque las FARC se muestran como una organización que con engaños pretenden negociar y buscan que el Gobierno colombiano entre a claudicar para ellos imponer sus condiciones. No entiendo como exigen garantías en la mesa de negociaciones y al tiempo preparan hechos de violencia y arrecian el narcotráfico. Eso obviamente es una acción que le quita credibilidad a cualquier diálogo de paz. Las FARC, que no se cansan ahora de hablar, como por 50 años no se cansaron de asesinar y de violar, han dicho que no pagarán un día de cárcel y con toda seguridad serán, más temprano que tarde, elegidos alcaldes, gobernadores, congresistas y candidatos presidenciales y son tan descarados que quieren que les aseguren territorios, financiamiento y curules sin votos. quieren acogerse a la Jurisdicción Especial para la Paz (JEP), elaborada y entregada por las Farc, tratando de aprovecharse de eso que han denominado procesos de paz y desmovilización, con el objetivo de recibir los beneficios. En todo caso, considero que cualquier acuerdo definitivo no puede, de ninguna manera, estar exento de impunidad frente a las víctimas y que los autores de crímenes de lesa humanidad deben pagar, y por el penoso drama que viven algo más de doce mil militares, víctimas de falsos testigos, de jueces terciados y de fallos injustos. En resumen, estamos asistiendo en el país a una película en la que, por primera vez, los villanos son vistos como buenos y los buenos, como malos. — Si queremos hablar de pinochos, no te olvides que, de una u otra forma, tanto el gobierno estadounidense, como el régimen israelí y Gran Bretaña, ayudaron a acabar con la vida de los líderes patriotas de las Fuerzas Revolucionarias de Colombia, como el "Negro Acacio", "Martín Caballero", "Raúl Reyes" y el "Mono Jojoy". —Pero ¿No fueron acaso operaciones planteadas y ejecutadas exclusivamente por personal colombiano, con aviones, colombianos, pilotos colombianos, con un único apoyo en materia de inteligencia y equipos técnicos como interpretación satelital y de dotación de equipo tecnológico para trabajar en la geografía agreste de las selvas colombianas, pero nunca de ejecución en terreno, para dar de baja a esos terroristas, así como recuperar y sacar de la selva a muchos secuestrados? —Eso quieren hacerle creer a los desentendidos. Pero las operaciones militares se incrementaron con el apoyo vital e importantísimo de la CIA (Central Intelligence Agency). Es más, estoy seguro que la CIA diseñó también la seguridad democrática y los "falsos positivos". —Lo cierto es que, en este conflicto armado, además de unos 7.000 "guerrilleros de izquierda", que, si acaso quedan, han participado paramilitares de derecha y narcotraficantes, con alrededor de 250.000 muertos, 40.000 secuestrados y al menos 7 millones de desplazados. Todos sabemos que el expresidente Álvaro Uribe ha sido muy cuestionado por el actual gobierno y sus aliados, porque sin tapujos dice aspirar a que "Colombia sea un país seguro, sin vacilaciones frente al terrorismo, con absoluto respeto de las libertades, con justicia, sin impunidad"; cuestiona abiertamente la negociación con las FARC, el grupo al que combatió sin cuartel y diezmó militarmente durante su gobierno. Por otro lado, es importante señalar que el país que menos oposición ofrece a los propósitos subversivos es nuestra vecina Venezuela. Allí las FARC y el Ejército de Liberación Nacional (ELN), cuya estructura se calcula en no más de 2.000 hombres en armas, encuentran un

Gobierno que simpatiza con "su doctrina" y los narcos guerrilleros emplean su territorio como escondite, zona de capacitación, plataforma para el narcotráfico, movimientos de divisas y de armas. Desde hace por lo menos cinco años, el Ejército de Liberación Nacional (ELN) no ha logrado ampliar su frente de acción. Su estrategia se ha centrado en mantener el control de las zonas aisladas y de difícil acceso en las que históricamente ha hecho presencia, aunque con escasa capacidad operativa. Un estrecho campo de acción que se explica, en buena medida, a la reducción de una estructura que actualmente se calcula (sin cifras exactas) en no más de 2.000 hombres en armas y que ha sido en los últimos tiempos inefectivo militarmente. Las cortes de EE.UU. tienen expedientes contra una veintena de funcionarios y exservidores del gobierno venezolano, por lavado de activos, narcotráfico y apoyo de todo tipo a agrupaciones terroristas y, pese a que EE.UU. hizo públicos estos señalamientos entre 2008 y 2011, los funcionarios no fueron retirados de sus cargos por el chavismo; sino que por el contrario, según el Departamento de Estado "Venezuela no coopera contra el terrorismo (...) y no tomó acciones contra los oficiales implicados en tráfico de armas y drogas para las FARC". —¿...?

## CAPÍTULO 6
## AUTOABASTECIMIENTO SEGURO

—Bueno, será mejor dejar este tema para un "Petit comité" y volvamos al asunto económico —recomendó uno de los asistentes a la reunión, que se cuida mucho—. El abastecimiento de carne y leche, depende ahora de las importaciones, las cuales han alcanzado el 52 % del consumo nacional debido a que el rebaño cayó de 13 millones de cabezas de ganado a 10 millones, y sigue palo abajo. Pero la cosa no es tan grave como la pintan —alcanzó a decir un diputado miembro de la comisión de trabajo de la Asamblea Nacional, que no se pelaba una de esas reuniones—, ya que de esa manera los ganaderos de Bartoleé han podido dedicarse a trabajos menos peligrosos, como, por ejemplo: asociarse con los agricultores que antes sembraban maíz, caraotas, arroz y sorgo, para vender estampitas del Dr. José Gregorio Hernández y escapularios de la Virgen de Betania. La gloriosa Fuerza Armada —aseguraba un diputado de la comisión de defensa—, cuya misión constitucional es la de asegurar la seguridad nacional, ahora ampliaría sus funciones para dar un mejor servicio piloteando los barcos y los aviones cargados de alimentos y demás enseres para ser distribuidos por ellos, y entre ellos mismos, asegurando así la transparencia y ecuanimidad en la repartición, a la vez de optimizar el apoyo en la recuperación, para que el pueblo las ponga a producir después de tantos años ocupadas ilegalmente por los oligarcas quienes las mantenían ociosas. Ya no sé qué más pensar y decir; estoy consciente de que la idea de la autosuficiencia alimentaria es calificada por sus críticos como una posición extrema, ineficiente e incluso peligrosa, es una situación en que un país cierra completamente sus fronteras y se rehúsa a participar en cualquier transacción comercial, buscando producir la totalidad de su comida. Es obvio que las cifras revelan que la agricultura avanza en picada con números cada vez más negativos. Su producción se ha vuelto deficitaria en rubros básicos como arroz, café, maíz blanco y caña de azúcar. Cultivos que dejaron de ser autosuficientes para ser importados y tratar de suplir el consumo y la demanda de la población, cuyo crecimiento avanza a un ritmo muy distante de la producción, y el resultado de ello se ha traducido en un desequilibrio entre la oferta y la demanda, lo cual la población siente como una fuerte escasez de productos básicos y en el constante y desmesurado incremento de sus precios, como por ejemplo el de los alimentos y bebidas no alcohólicas que se elevaron 57,8 % (72,1 % inter anual) y los pesqueros 94,4 % (141 % interanual), sin meter en esto, incrementos similares que se registran en los precios del vestido, calzado, restaurantes, hoteles, transporte, salud y bienes para equipar el hogar. Los mayores incrementos registrados desde 1998 y que, como siempre, impactan principalmente a los más humildes, quienes son, según los oficialistas los que apoyan y eligen a los gobiernos. ¡Y lo qué falta! En otra oportunidad Gumersindo Pérez Castellanos, jefe de protocolo de la Presidencia, confesó a sus colegas diplomáticos que seguramente hasta los escuálidos han leído en la prensa libre que para no quedar tan dependientes alimentariamente, Su Excelencia Serenísima Comandante Presidente Teodolindo Salpicado, ordenó "rescatar" para el año 2012 entre 350.000 y 550.000 hectáreas; esto podría significar hasta un incremento de 156 % en comparación con 2011, cuando intervino 214.726 en 174 predios en Bartoleé. Por ejemplo, para no hablar de todo lo que estamos haciendo en Bartoleé, les hablaré sólo de una partecita. Esto es, para sustentar esta medida y aprovechar las tierras, ha pedido a los hermanos libios encargarse de las haciendas rescatadas de las manos de los explotadores terratenientes, ubicadas en el estado occidental Zuguajiro. Esta decisión, que ante la magnitud de la crisis alimenticia no le quedó más remedio que tomar, sobre todo después de la gran alharaca armada por Aurelijus Rutenis Antanas Mockus Šivickas, con sus largos pero muy claros discursos, en algunas ciudades colombianas, aduciendo que su país había invertido descomunales esfuerzos para asegurar un futuro promisorio para Colombia, impulsando lo verde, ¿verde?, verde, en contraposición a los productos rojos como los ajíes, pimentones rábanos, remolachas, pomagases y cebollitas ocañeras; productos susceptibles de exportación y con mayor acogida por parte del pueblo rojo rojito de Bartoleé. —Por otra parte —en forma muy sencilla, explicó Antanas Mockus en una entrevista —, estos productos no tienen problema de rechazo por parte de los opositores al gobierno de Bartoleé, porque el cromosoma "x" de la mayoría de los opositores ha sido alterado para que los fotoreceptores retinianos del rojo, no funcionen y no se den cuenta de que todo lo que se importa es rojo. Como medida de precaución, en los hospitales, oficinas públicas, aeropuertos y otras dependencias, se han instalado estratégicamente cartas de Ishihara para descubrir a los infiltrados y ser inoculados. —El gobierno está consiguiendo avances significativos en varias áreas. Por ejemplo, es innegable que La Oficina Nacional Antidrogas de

Bartoleé ONAB ha hecho esfuerzos muy significativos en la lucha contra la producción y el tráfico de estupefacientes —opinó su director. — No obstante, un informe publicado por el Gobierno de Estados Unidos, designó a Bolivia, Birmania, Bartoleé y Venezuela como los países que, de manera demostrable, no han hecho los esfuerzos suficientes para cumplir con sus obligaciones en virtud de los acuerdos internacionales sobre la lucha contra las drogas —con preocupación, un general de la Guardia Nacional trajo a colación ese hecho. —Bartoleé puede demostrar con cifras la magnitud de las incautaciones y la detención de personas por narcotráfico, así como las capturas, repatriación a diferentes países, incluyendo Estados Unidos, de numerosos jefes de organizaciones de traficantes — aseguró el Viceministro de Relaciones Interiores. — Lamentablemente, uno de nuestros grandes problemas en este campo es la inmensa frontera terrestre que Bartoleé tiene con Colombia, el mayor productor mundial de cocaína —señaló el general. —Así es, nuestros cuerpos policiales han inhabilitado cientos de pistas aéreas clandestinas e incautado numerosas aeronaves que pretendían ser usadas por estas organizaciones internacionales dedicadas al ilícito. Como puedes ver, Bartoleé está demostrando que su lucha contra el tráfico ilícito de drogas, es frontal e incansable, lo que nos permite rechazar rotundamente el reporte estadounidense. El imperio, en su afán por desacreditar a nuestro gobierno, viene desconociendo, desde hace años, el justo reconocimiento, como un país libre de cultivos ilícitos, emitido por la Organización de las Naciones Unidas" (ONU) —terminó diciendo el viceministro. Uno de los presentes, que no quiso emitir opinión al respecto, pensó: <>.

## CAPÍTULO 7
## EL VECINDARIO GEO-POLÍTICO

Otro grupo de invitados hablaba de negocios. Ramón Ricardo Trejo Escalante, director de Obras Públicas del Ministerio de la Construcción, también asistente fijo a esas reuniones, pregonaba que afortunadamente, después de tantas calamidades originadas por la desidia de los gobiernos anteriores, el pueblo de Bartoleé ya no tendría más problemas habitacionales porque al Acuerdo de Entendimiento Humanitario, firmado con la hermana Bielorrusia, para fortalecer los ya firmados con Irán y China, se le había realizado un adendum mediante el cual los bielorrusos construirían gran parte de las 250.000 casas anuales ofrecidas hace doce años por El Comandante Presidente Teodolindo Salpicado, para garantizar que cada bartoleénse tuviera asignada (en el futuro virtual) la vivienda digna, nunca otorgada por los que por tantos años gobernaron el país a espaldas del colectivo. Un conocido mío, que según él se cuela cada vez que puede en esas reuniones para ver si le tiran algo, llegaba a una fiesta y miraba a su alrededor. Era comprensible. Él no buscaba a alguien como usted o como yo; buscaba tropezarse con políticos influyentes. Pues bien, ese conocido mío me comentó que lo que sí lamentan mucho los oficialistas es la actitud tan indiferente asumida por Perú ante la crisis bartoleénse. Los sociólogos y politólogos expertos aseguran que a los choclos peruanos se les subieron los humos, sobre todo después de su descomunal crecimiento financiero que ha venido teniendo, producto de su prudente política fiscal y su extraordinaria estrategia macroeconómica. Lo único que le falta es la diversificación de su economía y mejorar el tipo de cambio de su moneda, asunto que Bartoloé no ha logrado y que al paso en que va, nunca logrará, sino que, por el contrario, su ritmo cambiario se ha acelerado en un vertiginoso ascenso. Hoy no solo los países latinoamericanos ven con envidia a Perú, sino hasta los del G20 y los BRICS. Los únicos competidores cercanos a sus logros han sido los asiáticos, y eso que para este momento Ollanta Humala aún no aparece en el escenario gobernante y, si apareciera, como parece que sucederá, no necesariamente se inclinará por las políticas socialistoides y seudorevolucionarias de otros vecinos, sino que quizás evolucionaría, sin revolucionar a la sociedad peruana, como le ha recomendado El Comandante bartoleénse para darle su apoyo económico y logístico. De manera que se tiene confianza en Humala, quien por cierto también es militar y surdo, pero se ve que Humala no es fanático ni extremista, sino que luce como un pragmático con criterio propio y, a diferencia del gobernante de Bartoleé, ha prometido un compromiso con los grupos económicos de su país y posiblemente propicie un acercamiento con Estados Unidos y hasta atraiga nuevamente a su país a sus emigrantes y al capital extranjero, sin caer en la corrupción. Ya veremos cómo le va a Humala si gana. Hoy se está viviendo una transnacionalización de la diáspora, donde no escapa Colombia, Bartoleé, Perú ni Venezuela. Particularmente existen 3 millones de peruanos afuera en diferentes países en este momento, la mayoría producto de la gran guerra interna vivida en los años 80, pero que aún hoy continúa, con la diferencia de que no sólo se van a trabajar, sino a estudiar, que en este momento no es el caso de Bartoleé ni de Venezuela, donde la gente huye de la supuesta revolución y la segura miseria que les traerá ese nefasto sistema de gobierno. —Pienso que hay que ver con bastante atención el éxito que están teniendo algunos países —advirtió uno de los oyentes —, los mercados emergentes como Perú, al igual que Chile, Colombia y México, han sido en los últimos años, un puerto clave para los capitales que buscan rendimientos mejores a los del mundo desarrollado, donde se han recortado fuertemente las tasas de interés para reactivar a sus economías. Este ingente flujo de dinero ha apreciado a las monedas regionales y en algunos casos ha minado la competitividad de las exportaciones. Sin embargo, los controles de capital para afrontar la avalancha de dinero son una herramienta de "última instancia", pues generan efectos colaterales no deseados como el encarecimiento de los créditos. ¡Qué más da Mario Vargas Llosa!, tu grito "no a Fujimoriii, Fujimoriii, no a Fugimoriiiii", no será escuchado. Ella no ganará en esta oportunidad, pero insistirá, no hay duda, y tal vez llegue antes de que los socialistas se apoderen del país, a pesar de que algunos piensan que el retorno al poder del fujimorismo sería una catástrofe, una legitimación de aquella dictadura corrupta y sanguinaria y un retorno al populismo, a la división enconada y a la violencia social, que muchos aspiran, al menos la mitad de los votantes, a que un candidato como Pedro Pablo Kuczynski se lance, para, al menos tener la esperanza de que un tecnócrata pueda impulsar la economía peruana y ojalá no se corrompa, lo que no es de extrañar, ya que en América latina lo que suele prevalecer en ciertos períodos electorales son la sinrazón, la pasión demagógica y la corrupción, como saben los bartoleénses que votaron por el socialismo y ahora no tienen cómo librarse de esa plaga que los ha arruinado económicamente y los hace vivir en la miseria y el miedo.

Lo que Vargas Llosa no está viendo desde lejos es que de suceder eso, no volverá a haber elecciones limpias en el Perú, donde, en el futuro, aquellas serán una parodia, como las que se organizan en Bartoleé. En todo caso, Vargas Llosa "está satisfecho con la situación actual del Perú y dice que desde que cayó la dictadura de Fujimori en el 2000, su país "ha estado en muy buen pie, aunque problemas siempre existen". —El Perú ha crecido económicamente, ha habido elecciones libres, las instituciones democráticas han funcionado y hay una política económica que cuenta con unos consensos que no había en el pasado y que ha traído mucho desarrollo económico. Esa situación se repite en muchos países de América Latina, que están mucho mejor que en el pasado, sin ninguna duda —aseveró el escritor Premio Nobel de Literatura y, sin tapujos, declaró que "Venezuela es más bien la excepción a la regla. Hoy en día hay muchos más países en América Latina en los que la democracia se va enraizando, con unas políticas económicas modernas que están trayendo desarrollo y progreso".

En todo caso mi recomendación es que el nobel se olvide de la presidencia y se quede en la literatura; igual recomendación le doy a la chilena

Isabel Allende. A propósito, esta gente —me decía—, de los chilenos nunca hemos esperado mucho. Los analistas financieros consideran que ellos siguen felices en sus fondas de madera tomando su vino Carmenere, comiendo salmón, langostinos, truchas y frutas, productos excedentarios reservados sólo para su consumo interno después de colocar prácticamente toda su producción y "un poco más", en los mercados europeos. En todo caso, hay que reconocer que el gobierno presidido por Piñera lo ha venido haciendo bien y los principales bancos de inversión han mirado con atención las diferentes acciones que han emprendido, respetando la institucionalidad del mercado, que son parte de los factores que han permitido a Chile, un gran exportador de cobre, incrementar el crecimiento potencial del PIB, y acrecentar la confianza en sus políticas macro y en la solvencia de sus instituciones. Se considera que Chile ha aprendido las lecciones y a pesar de que otro socialista como Michelle Bachelet, seguramente regrese al poder, las reformas económicas y/o constitucionales que impulse no deben ser negativas y, en todo caso, tendrán que pasar por su Congreso que, si funciona independiente, respetando la separación de poderes, a diferencia de Bartoleé... Un grupito de politólogos oficialistas estaba reunido, convencido de cambiar el mundo. En eso se apareció el argentino Atilio Borón y el uruguayo-venezolano Walter Martínez quienes se encontraban aquella noche entre los invitados al brindis oficialista. El director de un programa de la televisión del Estado les había dispuesto las cámaras y, fieles a su ideología, interpretaban la geopolítica de su "querida, contaminada y única nave espacial". Borón habló y habló y habló de su obra "América Latina en la geopolítica del imperialismo"; pero lo asombroso del caso era que coincidía plenamente con los cubanos en lo referente a la inoculación de enfermedades letales a políticos opositores a la ideología norteamericana, como parte de un plan que viene desarrollando desde la presidencia de George Bush hijo. Barón y Martínez aseguraron que la crisis de abastecimiento por la cual atraviesa Bartoleé, es similar a la que experimentó Chile en la época de Allende y que fue planificada por el imperio para desestabilizar a los gobiernos socialistas que le son incómodos.

# CAPÍTULO 8
## VIRUS SELECTIVO

Así las cosas, el gobierno y sus acólitos asalariados quieren hacer pensar que las dificultades económicas por las cuales atraviesa Bartoleé no son coincidencia, sino parte de los planes desestabilizadores de la derecha que propicia, a nivel internacional, un bloqueo financiero, pese a que el país posee una estabilidad económica solvente. Estaban de acuerdo en que la ayuda ofrecida por Estados Unidos, a diferencia de las anteriores, como es lógico entenderlo, no podía ser aceptada, por el temor de venir contaminada con un virus "mata revolucionarios" y "generadores de cáncer", que mediante la intervención oportuna de mensajes cifrados, los cuerpos de investigación cubanos que asesoran al país, determinaron haber sido recientemente desarrollados para acabar con los gobernantes de izquierda, lo cual también se ha intentado hacer con rituales de santería e incluso disfrazados de supuestas maldiciones egipcias o venganzas bolivarianas que auspiciaban la violación de tumbas y acusaban de ello a oscurantistas religiosos y sectas de paleros que seguían buscando el talismán que Telmo Peneroso le había dado al general venezolano Joaquín Crespo, que se decía estaba enterrado, no en Venezuela, sino en Bartoleé. Un alto funcionario del gobierno venezolano que se encontraba de visita en Bartoleé declaró que su Gobierno neutralizará los planes de perversidad que pueda haber en contra de su mandatario y demás líderes de la Revolución Bolivariana: —Ha sido convocada una reunión del Alto Mando Político Militar de la revolución, para evaluar el escenario presentado frente a las comprobadas amenazas de la derecha internacional —afirmó el funcionario, quien más tarde fue desmentido por Posada Carriles, al asegurar que "los señalamientos del gobierno venezolano son un plan, una fábula que sólo busca distraer y en su delirio acusa de varios complots y supuestos intentos de asesinato, a supuestos mercenarios salvadoreños y colombianos".

CAPÍTULO 9

PESADILLAS

A todo nivel se rumoreaba que El Comandante Presidente Teodolindo Salpicado estaba muy preocupado y de pésimo humor, sobre todo muy arrecho y a punto de darle coñazos a la pared, ya que nunca le respondieron las misivas mediante las cuales manifestó oportuna y repetidamente su interés en participar, en calidad de ponente, en el Foro Económico Mundial llevado a cabo en Davos, Suiza. La intención del Comandante Presidente, según sus allegados, era proponer la Asociación Mundial de Participación Económica (AMPE) como alternativa para promover el mercado y el libre comercio, con ventajas significativas en cuanto a amplitud sobre la denominada Alternativa Latinoamericana Bolivariana de América (ALBA) impulsada por sus vecinos venezolanos en contraposición a los Tratados de Libre Comercio (TLC) que imponen los estadounidenses para su exclusivo beneficio. (A la vista está que a los pobres colombianos los han tenido acosados desde hace más de cuatro años para que firmen, pero éstos, por el momento no se dejan, pero sin duda están locos por dejarse y se dejarán). Pedro Pablo Casanueva, a pesar de estar muy atormentado por el desasosiego y ocupado con sus pensamientos, los cuales le impedían descansar, oía las conversaciones de su mujer, visitada esa noche por su hija Teresa de la Cruz y su yerno Fermín Antonio, quienes viven desde hace poco tiempo en un apartamento contiguo construido junto a tres más como anexos, para disminuir el tamaño de la casa que ya iba quedándoles grande en la medida en que los muchachos formaban familia y hogar aparte. Los trofeos de caza iban desintegrándose producto del moho, la alta humedad tropical y el trabajo desmesurado y persistente de los comejenes. Pedro Pablo pasó una noche atroz, casi toda en vela. Cuando a ratos lograba dormir un poco, era preso por sobresaltos seguidos de largas horas de sueños despiertos conversando con sus fantasmas y en oportunidades con espantos, síntoma propio de sus preocupaciones. Sueños despiertos que estuvieron impregnados de sensaciones desagradables, típicas de problemas en sus negocios los cuales forzaban su ingenio y su capacidad de invención para dar soluciones increíbles y casi siempre inoperantes, a los problemas aparentemente insolubles que se le presentaban a menudo en el detal de sus carpinterías o, construyendo y reconstruyendo la casa, los almacenes, supervisando el diseño de las vitrinas de exhibición y ordenando mover y remover la mercancía mayoritariamente china, así como pensando de vez en cuando en la salud de la familia. Esa noche, con el agravante sobre las demás, lo atormentaba la certeza del viaje inesperado a la capital y del próximo encuentro indeseable, que le obligaba a pensar en conversaciones tensas y en la tarea molesta que debería llevar a cabo. Los ratos en los cuales quizás durmió, fue bombardeado por terribles pesadillas sobre robos, extorsiones, secuestros, violaciones, asesinatos, divisiones, divorcios, odio, injusticia social, expropiaciones y miseria galopante; sobre todo aquello, que según el oficialismo es la opinión sesgada de los escuálidos opositores quienes aseguran que actualmente agobia a los bartoleénses y que lamentablemente dizque está convirtiéndose en una característica común de muchos de los países Latinoamericanos.

# CAPÍTULO 10
## RUMBO A LA CAPITAL

El tiempo parecía pasar más lento y miserable. Las noticias de "Pecho al Hecho", las únicas ofrecidas a temprana hora en la televisión, sobre Bartoleé y en especial sobre Prudencia, su capital, le amargaban el día por lo políticamente sesgadas y las vainas de la vida del proletariado, aun cuando él reconocía ser buenas para conocer la opinión del otro bando y que, más bien lo que no le gustaba de ellas era la voz de pregonero, de vendedor callejero de verduras del periodista narrador del noticiero. Pero quería saber cómo amanecía el país y tener una idea de las cosas en Prudencia, ya que tendría que trasladarse a ella para realizar la importantísima reunión ya pautada. Siempre continúa diciéndose a sí mismo que en estos momentos es mejor consultar un resumen de noticias a través del Tuiter, pero termina convencido, por la incomodidad de la lectura en el pequeño teléfono celular para revisarlas continuamente, de hacerla en el computador, que sería lo mejor, pero le da como pereza metérsele; a su edad no es muy dado a ello, aun cuando confiesa la necesidad de estar al día tecnológicamente... y él no lo estaba. Ese jueves, cuando sonó el despertador, Pedro Pablo Casanueva saltó de la cama ansioso de comenzar el día y le tomó menos tiempo que el rutinario para darse el baño matutino y afeitarse. No pudo cantar bajo la ducha. Su pelo lucía cano y escaso; la piel de su cara ya hacía rato que había perdido su firmeza. Era un hombre frágil y vencido. Salió a la terraza y, aún con el chaparrón que caía pudo contemplar la ciudad que le recordaba su infancia segura y placentera. Pero nada que amanecía; era solsticio de invierno y el amanecer ocurría más tarde. Como no encontraba la ropa que deseaba usar, llamó a su mujer, doña Tamara Evangelina Casanueva Domínguez de Casanueva, quien aún dormía, así como toda la familia que compartía la casa. Como de costumbre, sin necesidad alguna, doña Tamara lo auxilió. Se vistió y deambuló de un lado para otro por la habitación y de arriba abajo por el resto de la casa, mientras le preparaban el desayuno el cual apenas cuchareó y sorbió. Encendió el TV y esperó a su yerno Fermín, su mano derecha, a quien le había pedido que lo acompañara a Prudencia. Nunca lo habían visto tan inquieto, tan turbado, tan irritable, incluso cuando intentaba dominarse, cosa que no ocurría muy a menudo. Minutos más tarde su chofer los llevó al aeropuerto de Santa

Clotilde. La carretera estaba destrozada y además el tráfico lento por el siempre congestionado San Tolomeo, una barriada dormitorio situada a las afueras de San Jerónimo, poblado por inmigrantes y sus descendientes. Después de casi tres horas de retraso abordaron el 747 de Aerolíneas Tucán que todavía no era un camastrón y cumplía bien su servicio. Apenas cruzaron palabras. Decir que Fermín pasó la noche anterior y las horas de espera y vuelo con ánimo risueño, sería mentir. Él también ha estado muy preocupado con este asunto. Aquella mañana mientras volaba hacia Prudencia, daba vueltas en su cerebro a las posibles preguntas y a las respuestas. La salida del tren de aterrizaje despertó a Pedro Pablo. Estaban aterrizando. Por fin llegaron al aeropuerto de Montesinos, próximo a Prudencia. El sol ya empezaba a ponerse y una brisa caliente, húmeda y pegajosa enrarecía el ambiente costero.

## CAPÍTULO 11
## RESOLVIENDO

Tomaron un taxi para dirigirse al Centro Comercial Ciudad Caracol (4C), donde Pedro Pablo Casanueva prefería hospedarse durante sus visitas de carácter personal a Prudencia, ya que podía sin dificultad aprovechar sus ratos libres para hacer compras y visitar sus restaurantes predilectos sin tener que aventurarse con su amiga Julia a salir más lejos para disfrutar de sus amorosos y secretos encuentros. Pidió dos habitaciones, ya que era consciente de sus ronquidos y peos, que ni su mujer se los calaba. Una vez instalado en la suya, realizó una llamada telefónica a Julia, mientras la oscuridad de la noche se iba colando por la ventana. En efecto, al caer la noche se dirigieron al restaurante italiano que tanto le gustaba visitar a Pedro Pablo cuando se hospedaba en el hotel del 4C. En esta oportunidad el restaurant le pareció grande y triste y, aun cuando pidieron varios platos, Pedro Pablo hizo ademán de comer, pero apenas probó la pasta cuatro quesos que tanto le gustaba y finalmente terminó tomándose tres whiskies Johnny Walker Black 18 años para bajar el estrés del viaje y propiciar el sueño que en otros momentos eran provocados por sus revolcones con Julia, quien había abandonó su afán de casarse con él y llegó a sentir por Pedro Pablo una necesidad puramente sexual, sin buscar las estériles reacciones de los humanos, la connivencia de las palabras, el fulgor sentimental de una mirada. Pedro Pablo estaba con ella sencillamente para fornicar. Su relación era casi imposible, pero conocida por todo el mundo menos por el marido, quien siempre se disculpaba con Pedro Pablo por las pocas veces que coincidían cuando él visitaba Prudencia. Al regresar al hotel le pidieron al recepcionista que los despertara a las 7:00 de la mañana y les consiguiera un vehículo sin chofer para las 8:00 de esa misma mañana. Llovió durante la noche. A la mañana siguiente se despertó temprano, corrió las cortinas y contempló el impresionante espectáculo del Valle. El cielo estaba azul y brillaba el sol. La cordillera que se recortaba vagamente a la luz del sol era entonces de un verde profundo, en el contraste con el azul del cielo, y más allá, a gran distancia, se veían otras cordilleras más altas, cuyas cumbres aún estaban semi ocultas por las nubes. Desayunaron y salieron. El tráfico en Prudencia, como de costumbre, estaba infernal. Tenían que atravesar media ciudad para cumplir con la cita planeada y reconfirmada. Se sentía nervioso, pero con un hilo de esperanza, porque el contacto policial que había hecho en San Jerónimo, le había informado que a cada rato recibían denuncias como la formulada por él; que es una manera de pescar incautos y que muchas veces aciertan exitosamente los delincuentes, con la recomendación, además, de no prestarle demasiada atención al asunto. Su yerno Fermín conducía y se veía más nervioso que Pedro Pablo, quien, sin mediar palabras, supuso que no era por el tráfico, hoy tan lento como otras veces en Prudencia. Pedro Pablo le había pedido que condujera ya que él le tenía cogido el pulso a la ciudad por haber vivido muchos años allí. <>.

## CAPÍTULO 12
## EL CORREO

Francisco José Casanueva preguntó a su tío Omar Olmedo Casanueva Talabarte, si había recibido un correo electrónico de su madre doña Tamara, el cual en realidad estaba dirigido a él y enviado a su dirección de correo por encontrarse en su casa, pensando que de esa manera sería más fácil contactarlo. —Tío, mamá acaba de enviarme un correo electrónico que según ella es muy importante, me lo envió a su correo Yahoo! Por favor vamos a leerlo. Se dirigieron a la computadora disponible, ya que sus nietos, los hijos de Francisco y de su hija Margarita Casanueva Pocaterra siempre las disponen a sus anchas cuando lo visitan y, esta era una fecha de esas; por lo cual, con motivo de las navidades, su hija y su sobrino, a su vez estaban de visita en Prudencia. No encontraron el mensaje en la dirección del correo, de manera que Francisco llamó a su madre Tamara para informarle no haber recibido dicho correo; a tal efecto, le solicitó que le informara a cuál lo había enviado. Finalmente lo consiguieron: Asunto: Re: Pedro Pablo Casanueva/Carpintería La Encantada                    Para: guerrillaempresarial@hotmail.com Recibí su mensaje y deseo informarles que están muy mal informados. Esto es un pequeño edificio donde vivimos 4 familias. Todos los carros son de a dos por familia. Tuve que paralizar la obra de remodelación por falta de dinero porque mantengo bajo hipoteca la carpintería La Encantada de Montaña Alta con el banco Banfobarto, lo cual le es fácil averiguar; por lo tanto, le aseguro no poseer dinero alguno. Más bien estoy viendo cómo y a quien pedir prestado para poder pagar las prestaciones sociales de los obreros, pero hasta ahora no encuentro la forma ni a quién. Le agradezco informarse mejor. El 15 de diciembre de 2009, la tal Guerrilla empresarial, utilizando                su                correo guerrillaempresarial@hotmail.com envió el siguiente mensaje: Sr. empresario buen día, sabemos perfectamente quién es usted, conocemos sus propiedades y su familia. Usted vive en la Urb. Altos del Tocón, quinta Los Apamates, una casa grande, lujosa y lo será más con los arreglos que están haciéndole. Es dueño de la carpintería y la mueblería La Encantada, con varias sucursales en las principales ciudades de Bartoleé y además posee varios locales comerciales, galpones y terrenos bien ubicados y de alto valor comercial. Está casado con la señora Tamara, es padre de 3 hijos y abuelo de 8 nietos. En su casa tiene una Toyota Fortuner azul oscuro, una Land Rover Discovery color negro, un Seat Altea verde, un Chevrolet Optra blanco, un Mitsubishi Lancer gris, un Chevrolet Avalanche color plata y un Audi S4 rojo. Espero que no le quede duda que los tenemos identificados y que sabemos lo que hacemos. El motivo de este contacto es exigirle para el día de hoy miércoles en horas de la noche el pago de una vacuna por la seguridad de usted y la de su familia. El monto de la vacuna es 85.000 bartoleéños. La entrega la queremos en dinero efectivo metido en una caja de cartón. La entrega será por contacto de nosotros a un familiar seleccionado por usted, preferiblemente su hija Teresa o el esposo. No queremos que sea el chofer ni usted ni su esposa. Esa persona debe dar vueltas con el carro en horas de la noche pasadas las 9 pm por la plaza de toros de Pueblo Nuevo. No usen el Optra y tampoco la Avalanche ya que sabemos que los Chevrolet poseen sistema satelital. Nosotros lo identificaremos y lo abordaremos. De no aparecer o no entregar el dinero haremos contacto con alguno de ustedes de manera poco agradable. No queremos ningún tipo de comentario a personas y menos a cuerpos policiales. Es mejor pagar vacuna y seguir unidos y felices que pagar secuestro y llorar unidos e infelices la pérdida de un ser querido. Sea inteligente y maneje esto con discreción y privacidad. La entrega la queremos sin policías, sin escolta, sin armas y sobre todo sin acompañantes. Esperamos haber sido bastante claros. Cumpla las condiciones exigidas. Gracias por su atención.

## CAPÍTULO 13
## ANTECEDENTES

—Me llama la atención —manifestó Omar a su sobrino Francisco —, que la nota esté bien redactada, de manera que seguramente proviene de gente con mediana educación. —Fíjese tío que no mencionaron a los varones de la familia, lo cual me hace pensar en que no nos conocen, porque no vivimos en San Jerónimo, o si están enterados de nuestra existencia, para despistar nos ignoran a propósito. —Esa gente sabe lo que hace. Esa ya es una profesión muy lucrativa en este país. —Si — convino—, vivimos tiempos de incertidumbre, preocupaciones y miedo. ¡La inseguridad personal y hasta jurídica, es galopante! —El monto de "la vacuna" solicitada me parece relativamente bajo para lo que acostumbran a pedir los supuestos guerrilleros o, incluso, los profesionales del "secuestro exprés" y la extorsión. El detalle de cada una de las marcas y modelos de los carros demuestra un conocimiento bastante exacto de lo que ustedes poseen. Claro, soy abogado, pero no tengo la mente de los penalistas, criminólogos o los criminalistas, tampoco la de los policías y mucho menos soy Sherlock Holmes; de manera que no puedo especular de ninguna manera. —A mí también me parece bajo tío. Recuerda lo que le pidieron a Mariano. —Nos pidieron cien millones de bartoleéños cuando secuestraron a mi nieto. Recuerdo el asunto como si hubiese sido ayer: el muchacho estaba en el Barrio Obrero de San Jerónimo, por ahí por el parque Los Ahorcados, en la heladería 4D, con su novia Carla, la hija de un constructor. A él seguramente no lo estaban buscando, pero por el carro, la ropa, el reloj, el teléfono celular y la forma de actuar, se veía de familia acomodada. Pensamos que más que todo fue una oportunidad segura presentada como cualquier otra, para un secuestro exprés. Fue un secuestro excepcionalmente fácil: La calle estaba oscura y cuando se dirigían a su vehículo, un carro se detuvo a su lado y dos individuos salieron rápidamente de él y los encañonaron. Los metieron en el carro y más adelante abandonaron a la Carla, no sin antes despojarla del reloj, anillos, pulseras, collares y teléfono celular. Carla estaba muy agitada y demoró en localizar un teléfono y para cuando pudo conseguir comunicarse con mi hijo Mariano, ya los secuestradores habían hecho contacto con él y acordado las condiciones para la liberación. Mi hijo dudó en llamar al

"800secuestro", para que por medio del repetidor que procesó la llamada los localizaran, pero pensó que sería inútil y hasta arriesgado; además por el monto exigido dedujo que se trataba de un secuestro exprés y lo mantendrían dando vueltas por la ciudad mientras se entregaba el monto de dinero exigido. — ¿Por fin, cuanto terminaron pagando? —Terminamos dando veinte millones de bartoleéños porque tenían al muchacho y habían advertido que, si queríamos que saliera con vida de eso, teníamos que hacer exactamente lo que decían, ¡¿Para dónde más íbamos a correr?! Omar, aunque poco carismático, era un hombre sereno, afable y no tan misterioso, lejano y complicado, como lo percibían quienes no lo conocían bien. Se había construido una armazón mediante la cual podía apreciar los hechos sin sensación, fríamente, y ese estado de espíritu era de tal naturaleza que ya nada le parecía extraño. Desde temprana edad fue amante de la soledad y el silencio, lo cual disfrutó al máximo en los años de universidad, época en la que los días, meses y años, pasaban entre los obligados estudios y las placenteras lecturas. Un amante de la buena mesa y del vino. Como buen analítico, le gustaba pensar en el porqué de muchas cosas. Aun cuando era un solitario empedernido que nunca se sentía solo o deprimido, la visita de su hija, sus nietos y su yerno le agradaba

# CAPÍTULO 14
## ELUCUBRACIONES

Pedro Pablo Casanueva es un abogado dedicado desde hace muchos años a la fabricación y comercialización de muebles para el hogar y oficina. Al principio vendía sus productos en un pequeño local de una esquina de San Jerónimo, luego, al hacerse miembro del partido de gobierno PSUB, consiguió los contactos para suministrar el equipamiento que el gobierno requería para las empresas del Estado; de manera que finalmente terminó amasando toda su fortuna gracias a enormes esfuerzos y sacrificios mayoritariamente ajenos. Mandó a la mierda toda esa vida de insuficiencias y anhelos reprimidos. Por lo general le gustaba parecer desconcertante; una especie de pequeño sadismo que lo tenía unido a la búsqueda del poder y la gloria y, como un parásito pegado a su benefactor, se esforzó en hacer las relaciones públicas necesarias para mantener la prosperidad de sus negocios, todo lo cual le demandaba gran parte de su atención y a su vez significaba el tiempo completo de sus hijos varones, sobre todo Francisco, quien administraba las carpinterías y mueblerías.

Pedro Pablo siempre ha apostado a ser empresario. Él es una de aquellas personas que se niegan a desaparecer, uno de los que se agarran a cualquier cosa pero nunca triunfan, aunque tampoco se rinden. Una especie de individuo eternamente insatisfecho. Me refiero a los aristócratas de poca monta que se mudan a la parte alta de cualquier ciudad; a esos hombres medio elegantes y a primera vista encantadores, que trabajaron para alguna firma de abogados y aseguran que de allí provino su dinero. Personas con aires de superioridad al hablar con sus trabajadores, con porteros, cajeras de supermercados y los campesinos de las tierras donde tienen sus fincas.

Sin grandes éxitos incursionó en múltiples negocios, hasta hace unos años que se conectó con el actual gobierno y la fortuna lo alcanzó, aprovechando las "ventajas comparativas" de la amistad con los gerentes gubernamentales que le ha permitido expandir sus operaciones comerciales más allá de la madera que transformaba en sus carpinterías y vendía terminada en las mueblerías. Ahora además se dedicaba a la importación de carne, granos, leche, queso, aceites comestibles, papa, zanahoria y ajos.

También incursiona en la producción de aceite de tártago, para lo cual recibió un préstamo del banco Banfobarto; ya que en los proyectos del gobierno está impulsarlo como combustible en los tractores adquiridos a Irán y los bielorrusos Bobruisk (BZTDyA) Belarús-32, como también para aquellos que se construirán en la planta diseñada por los bielorrusos en los llanos occidentales, con la excusa de "disminuir" la contaminación ambiental y de paso librarse de la dependencia tecnológica imperial al sustituir a los tradicionales John Deere, Ford, New Holland, International y los Fiat.

Omar piensa que estas incursiones empresariales de su hermano son, más que todo, para disponer de una válvula de escape a su carácter emprendedor y de ninguna manera cómo fórmula de búsqueda de fortuna, que, según él, siempre ha tenido, gracias a "la herencia de sus padres". Pero también era cierto que tener dinero no había podido contrarrestar su fracaso para lograr algún ideal; y a menudo uno se pregunta en que podría consistir dicho ideal, acaso una combinación de empresario, político y oportunista. De todas maneras, algo frecuente en la época actual; esa era su clave de oro, de su triunfo personal. Y, sobre todo, experimentaba una especie de voluptuosidad oculta, un placer esotérico, el del hombre que cree que ha alcanzado la cima, y para quien algunas de sus propias emociones y sentimientos, resultan más intensos si son compartidos, a pesar de ser una persona embriagado de sí y que es incapaz de desembriagarse, porque teniéndole terror a la soledad, buscaba desesperadamente la amistad, sin darla. A decir verdad, experimentaba una necesidad creciente de lograr sus fines, costara lo que costara.

—Me siento mal por todo lo que está ocurriendo — confesó Omar, con un gesto breve y pausado—, nosotros, que a fin de cuenta somos una familia muy unida, con caros sentimientos de apego, estamos sumamente preocupados por la mención que estos extorsionadores hicieron de los ocho nietos de mi hermano, de los cuales compartimos dos, tus hijos, que llevan, por partida doble, el apellido Casanueva.

No pasó mucho tiempo hasta que Pedro Pablo llamó telefónicamente a su hermano Omar quien percibió el fuerte estado de angustia en el cual se encontraba. Pensó que seguramente ya había llamado a "mejores amigos", pero, o no los encontró, o su estado anímico lo conducía a contactar a un mayor número de otros allegados a la familia. Necesitaba refugiarse en alguien, y su hermano Omar siempre tenía un buen consejo que ofrecer. Cuando Pedro Pablo había recurrido a su hermano en busca de protección, de consejo, de cariño, había tenido de inmediato la errónea certidumbre de que a su vez estaba protegiendo a su protector, de que él se hallaba tan necesitado de amparo como él mismo, de que allí, todavía, tensa de escrúpulos y quizás de pudor, había una razonable desesperación de la que él, en cierta forma, se sentía responsable. Por eso, justamente, había provocado su gratitud, por no decírselo con todas las letras, por simplemente dejar que él lo envolviera en su cariño acumulado de tanto tiempo atrás, por sólo permitir que él ajustara, a la imprevista realidad, aquellas opiniones de él mismo que había hecho transcurrir, sin hacerse ilusiones, por el desfiladero de sus melancólicos insomnios donde sus noches se convertían en una prolongación del día, donde las acciones reservadas para el día, encontraban un modo dilatado de realización de algo pendiente en una lista infinita que mentalmente iba tachando, pero que se instalaba en el día siguiente, una y otra vez, noche a noche.

No es fácil captar exactamente los sentimientos de otra persona; sin embargo, Omar pudo percibir el miedo, la angustia y la elevada perturbación emocional de su muy querido hermano.

En la conversación sostenida por los hermanos Casanueva, aparecieron las normales elucubraciones de parte y parte:

—Le di los argumentos —escribió Omar en el relato original—, los cuales ya, con anterioridad le había esgrimido a su hijo Francisco, mi yerno y sobrino. El asunto lo relacionamos con lo del dinero sustraído hace un par de años de sus cuentas en el Merrill Lynch.

Pedro Pablo le manifestó sentirse más tranquilo debido a la información recibida en su consulta a los cuerpos policiales y también porque su yerno Fermín ya había hecho importantes contactos con "amigos conocedores y bien relacionados" que podían ayudarlos, los cuales recomendaban y, como él le había recomendado en múltiples oportunidades, que lo mejor era pagar y olvidarse de eso.

—Recuerda —le señaló Omar a su hermano—, que en Bartoleé pagar rescate ya es considerado como un delito. En mi opinión, la información tan precisa de la cual disponen los extorsionadores, tenía que haber sido suministrada por personas cercanas, como, por ejemplo, algún vigilante, chofer, jardinero u obrero de los que están trabajando en la remodelación de tu casa.

Omar dice que, en fin, adivinaba y que en realidad estaba poniéndolo a pensar antes de la entrevista que tendría en el Grupo de Investigaciones Penales (GIP), (organismo muy parecido en sus atribuciones al Federal Bureau of Investigation (FBI) de Estados Unidos, a la rama del Departamento Administrativo de Seguridad (DAS) de Colombia, encargada de la parte judicial y, al

Cuerpo de Investigaciones Penales y Criminalísticas (CICPC) de Venezuela.

La idea de reunirse con el GIP le pareció apropiado a Omar, por ser profesionales y conocer "Las Mentes Criminales". Aun cuando no era su especialización, sabía perfectamente que la GIP tiene muy buenos expertos en seguridad de bases de datos, servidores, detección de accesos no autorizados y protocolos de conexiones seguras; de manera que sin ninguna dificultad pueden rastrear el servidor utilizado por los supuestos extorsionadores, su dirección IP y origen del e-mail, así como relacionar cada palabra escrita con potenciales sospechosos, y en última instancia, hacer una entrega controlada de las sumas de dinero acordadas.

## CAPÍTULO 15
## BARTOLEÉ

Omar pasó las siguientes horas pensativo. En su casa solo un silencio de ausencia y vacío lo acompañaba. Se dirigió al estudio donde, por un buen rato estuvo revisando libros. Finalmente tomó uno, pero no avanzó más allá de la primera página, se sentó frente al computador a escribir, pero fue incapaz de completar algo coherente, no pudo hilvanar un solo párrafo. Al día siguiente, en la tarde, recibió una llamada de Francisco, quien le confesó que en efecto su padre había asistido esa mañana a la cita en la central del GIP en Prudencia. Pedro Pablo durante el largo y congestionado camino que tuvo que recorrer para llegar a su cita, que le quedaba a medio Valle de Prudencia desde el Centro Comercial 4C, donde se hospedaba, se distrajo observando la moderna y magnífica, pero a su vez caótica arquitectura de la ciudad. Ciudad que por su belleza difícilmente era superada por otra capital de América Latina. Una ciudad con enormes potenciales educacionales, culturales y gastronómicos. ¡No hay mejores cocinas que las de Prudencia! ¡Cuánta lástima da Bartoleé! Un país con una economía mediana en una región emergente que lamentablemente tiene una estructura de poder hiperconcentrada, con un débil marco de contención institucional y una economía por demás en estado de alerta y descomposición, en la cual la corrupción, la cuestión fiscal y la fuga de capitales exhiben índices alarmantes. Bajo la administración de El Comandante Presidente Teodolindo Salpicado, las compañías expropiadas tuvieron un pobre desempeño. La producción de acero bajó 40 %; la de aluminio, 60 %, y la de mineral de hierro en los últimos 12 años sólo ha crecido 10 %. La destrucción sistemática de la propiedad privada y la productividad agropecuaria, convirtieron a Bartoleé, de un país autosuficiente en carne y otros rubros agrícolas, a uno que ahora importa más de 70 % de lo que consume. Igual pasó con la empresa privada. Se comenzó expropiando una que otra, hasta que, el gobierno arrebató a sus dueños de cuanta tienda, bodega o industria se le antojó. A través de las llamadas "expropiaciones exprés", el gobierno se apoderó de mil trecientas empresas que eran productivas en manos privadas, pero que ahora, manejadas por el Estado, están paralizadas o prestan servicios de pésima calidad. También se han cerrado 308 mil pequeñas y medianas empresas, asfixiadas en medio de un enjambre de controles y amenazas gubernamentales, todo lo cual se traduce en una caída brutal de la inversión privada, así como menos empleo y más pobreza —Un país —decía Pedro Pablo—, en la cual sus habitantes están sometidos a carencias de seguridad, libertad, educación, agua, alimentos y en muchas regiones a crecientes y generalizados déficits de electricidad, gas y gasolina. Limitaciones que a decir del gobierno revolucionario y, con algo de vergüenza lo confiesa, compartido por él, por Pedro Pablo, han sido originadas por las malas políticas de los gobiernos anteriores y para colmos, más recientemente por fenómenos naturales como El Niño, La Niña, el verano y el invierno, fenómenos que se han ensañado contra Bartoleé, auspiciados, según él, por el imperialismo norteamericano, de acuerdo con las informaciones provenientes de las investigaciones de los cuerpos cubanos de investigación que en forma permanente espían a los gringos para asesorar al Gobierno de Bartoleé. Una Bartoleé, aseguran otros, en la cual, en los estados cuyos gobernadores son opositores, los propietarios de vehículos hacen agotadoras colas para comprar combustible y en donde no se consiguen las bombonas de gas para las cocinas ni para las tan comunes plantas domésticas generadoras de electricidad. Esta Bartoleé con un alarmante atraso tecnológico en la cual los políticos siguen creyendo que las materias primas, y no la tecnología y los servicios, son aún ventajas económicas comparativas, cuando en realidad, como asegura el Banco Mundial, hoy, la agricultura representa 3 % del producto bruto mundial, la industria, 27 %, y los servicios, 70 %; de manera que el mundo desarrollado está yendo aceleradamente hacia una economía global sustentada por el trabajo mental, mediante la creación de ecosistemas en los cuales florece la innovación.

Pero viendo los toros desde esta barrera, uno se pregunta: ¿de dónde viene el dinero que una minoría ostenta en Bartoleé? ese dinero que señala la idea de una "presunta recuperación económica y que las cosas se están arreglando". Ese dinero que financia la construcción de edificios lujosos en zonas pudientes de las ciudades del interior y en sitios paradisíacos de la geografía mundial, compra costosos tickets para shows de artistas internacionales, y que además llenan ostentosamente los estacionamientos de lujosos restaurantes y casinos en el país. ¡Las cuentas no cuadran! Bueno, a no ser que venga del erario público o de negocios que no tienen un origen transparente, que son ilícitos, negocios que no son claros y si viene del erario también es ilícito, porque es corrupción y saqueo que termina inyectándose a la economía en simples o complejas operaciones de lavado de capitales que luego se traduce en divisas y termina produciendo escasez y destrucción de la moneda bartoleénse como medio de pago. Una circunstancia que es de la entera responsabilidad de las autoridades de Bartoleé, con la anuencia de los altos mandos del gobierno militar-socialistoide.

Por supuesto, todo esto nos lleva a pensar en el tráfico de drogas, el contrabando de combustibles, la extorsión en los puertos y la minería ilegal, todo lo cual  se relaciona a las mega bandas delictivas, los grupos irregulares armados y grupos del terrorismo internacional, que estarían asociados o bajo complicidad, detrás de esta economía ilícita.

Así es la cosa y mientras esto ocurre, la otra cara de la moneda, evidencia que 77 % de la población se encuentra en condición de pobreza extrema y el 96 % bajo condición de pobreza, ante una cesta alimentaria imposible de cubrir con un paupérrimo salario, con una deficiencia severa en los servicios públicos de: agua potable, energía eléctrica, gas doméstico, red hospitalaria, red ambulatoria, escuelas, universidades, transporte público, desnutrición infantil, niños que fallecen, pidiendo vivir, ante la ausencia de trasplantes, seguridad, telecomunicación y conectividad y, a la vista del mundo y con una creciente emigración que se sienten obligados a huir del país en búsqueda de oportunidades para preservar el derecho a la vida.

# CAPÍTULO 16
## LOS RECURSOS

Esta Bartoleé que, según las propias y muy creíbles declaraciones del Ministro de Energía y Petróleo, posee tanto petróleo que sus reservas solo se comparan con las de Venezuela, el país con las mayores reservas certificadas de crudo, con 299 mil millones barriles de petróleo en reservas probadas, principalmente en la FPO, una extensión de más de 55.314 km cuadrados, compuesta por los campos Boyacá, Junín, Ayacucho y Carabobo, que forman parte de los 4 ejes en los que se desarrollan los complejos y que representa alrededor del 25 % del petróleo del planeta y que personeros de su gobierno estiman aproximadamente en 1.462,7 millones de barriles, sobrepasando con creces, según las cifras esgrimidas, a Arabia Saudita, Irán y Rusia. Esta Bartoleé con enormes yacimientos de mineral de hierro y bauxita, con abundante agua dulce, en los ríos por supuesto, y un clima magnífico todo el año. Sin embargo, en Bartoleé, además de la enorme corrupción gubernamental y la incapacidad de los que están al frente de las empresas del estado, existe un cuello de botella que impide producir más crudos extrapesados, ya que no cuenta con suficiente capacidad para despojarle la nafta a esos crudos, ni disponibilidad de crudos livianos, mermados por la caída de producción en las áreas tradicionales, para mezclar y mejorar esos extrapesados, y poder colocarlos en los mercados internacionales. De manera que desde hace un tiempo ha estado comprando ligero "Qua Iboe" a Nigeria, por intermedio de la empresa rusa Lukoil a quien también espera comprar nafta pesada para diluir su producción de petróleo extrapesado, trayéndolo directamente desde Rusia. Y si pueden, no nos extrañemos que Bartoleé le compre crudo liviano a EE.UU. Paralelamente la petrolera estatal de Bartoleé ha estado haciendo mayores y continuas ofertas de compra de crudo West Texas Intermediate (WTI), Qua Iboe, Brass River y Urales, lo que sugiere que la firma espera que los proveedores ignoren las preocupaciones sobre su capacidad de pago debido a que atraviesa por problemas de liquidez, mientras busca compensar su menor procesamiento de crudo en sus mejoradores que convierten el crudo extrapesado en un producto exportable y operan a un 54% de su capacidad, debido a la permanente y creciente fallas en los equipos. Con las compras, la petrolera estatal de Bartoleé incrementaría las importaciones de crudo a unos 118.000 barriles de petróleo por día (bpd), en comparación con los 50.000 que venían importando; no obstante, los proveedores están exigiendo a la petrolera bartoléense, al igual que a la venezolana, pagos por adelantado. En todo caso, para salir con más volúmenes con las especificaciones que demanda el mercado, tendrá paralelamente que solventar la falta de personal capacitado, la deteriorada infraestructura adecuada, como vías de comunicación, agua, electricidad, vivienda y la ausencia de instalaciones de transporte del crudo, que han impedido que sus planes de producción cristalicen. No obstante, Bartoleé está inmersa en una nueva correlación de fuerzas existente en el mercado internacional de hidrocarburos. Estados Unidos, el principal destino de sus exportaciones, lleva varios años reduciendo sus importaciones, sobre todo las que provienen de los miembros de la Organización de Países Exportadores de Petróleo (OPEP), al tiempo que varios congresistas estadounidenses están pensando en proponer una sanción a Bartoleé, lo cual sería una decisión lógica del gobierno de Estados Unidos, quien podría imponer un embargo a las importaciones de crudo de Bartolee. Esta sería la medida más severa del abanico de sanciones que considerarían contra el régimen, para ayudar a la sociedad bartoleénse a recuperar la democracia. Otra de las opciones que están siendo consideradas incluyen la prohibición de venderles combustible, medida que propinaría un fuerte golpe a las operaciones petroleas del país, y sanciones individuales contra personas clave del régimen. Pese a la intensa retórica antiestadounidense del gobierno, el país norteamericano sigue siendo el mejor cliente de Bartolee y los 700,000 barriles diarios que compra es uno de los principales sostenes económicos del régimen socialista. Los congresistas consultados piensan que "Estados Unidos no debería ayudar a mantener el régimen que atenta contra nuestra seguridad nacional y viola los derechos humanos". En fin, existen varios factores que están cambiando las reglas del juego por el lado de la oferta de crudo no convencional, como la producción de petróleo de aguas profundas llamado *shale oil* o petróleo en esquistos y de arenas bituminosas. Las arenas bituminosas se encuentran en Canadá, con 167.800 millones de barriles, y en Venezuela, 220.000 millones; sin embargo, la viabilidad de su producción sería a unos US$ 75 el barril de crudo, pero aunque se estima que los costos de producción de esquisto y en aguas profundas seguirán bajando con el avance de la tecnología, no deja de ser una actividad de alto riesgo para un gran número de empresas pequeñas que trabajan en esa industria y que podrían caer en una oleada de quiebras, ya que para apoyar niveles razonables de extracción, y mantenerse a flote, tendrían que perforar cada vez más pozos, lo que sin duda requiere enormes inversiones y gastos operacionales que no atraen la atención de los inversionistas que buscan beneficios más seguros y duraderos, porque, si bien en la fase inicial se aumenta la producción, finalmente agota rápidamente al pozo. A manera de ejemplo, en este momento, en países como Colombia, el cuarto productor de crudo de América Latina, en el cual existen ya más de 200, digamos pozos, perforados con este tipo de tecnologías de fracturación hidráulica desde 1990, no es financieramente viable, ya que los equipos para esta operación pueden costar más de US$ 100.000 por día. Adicional a esto, la situación del sector petrolero de extracción tradicional en Colombia, es mucho más crítica, porque su actividad está prácticamente paralizada debido a que requiere un nivel de inversión anual que va en el orden de US$ 7.000 millones, pero solo está invirtiendo unos US$ 600 millones en exploración y 3.000 en producción, lo que significa que la producción de los campos activos se está reduciendo a un ritmo promedio anual de 15 %, que llevará a ese país a perder, muy pronto, su autosuficiencia en ese campo, produciendo un desplome en los ingresos fiscales del país, por los bajos precios del petróleo, su principal fuente de divisas y generadoras de empleo de calidad. Lamentablemente para Colombia, lo primero que hacen las grandes compañías es reaccionar ante una caída de ingresos es hacer recortes, como ya lo está haciendo la estadounidense Conoco-Phillips y la británica BP. Pero también hay que tener en cuenta que muchos países pueden buscar tener elementos de autosuficiencia y a la vez obtener de otros algunas de sus necesidades más básicas. Estados Unidos, por ejemplo, aparece como un buen ejemplo de esta equilibrada posición y es tal vez la nación más cercanamente identificada con el libre comercio y, a la vez, importa toda clase de bienes y servicios y particularmente, en cuanto a sus necesidades de energía, Estados Unidos es bastante autosuficiente, ya que tiene abundancia de hidrocarburos junto con una enorme capacidad de refinación. Es de las pocas economías que podrían eventualmente acercarse a la autosuficiencia en este campo, si así lo quisiera; no obstante, si dejara de adquirir crudo de algunas naciones, causaría un efecto desestabilizador en ellas, que le generarían otra clase de problemas al propio Estados Unidos. Si a ver vamos, la caída del precio del crudo que se está experimentando y durará unos años, es similar a la que se produjo en 1985 y 1986 por aumento de la oferta, cuando la OPEP decidió liberar producción para recuperar mercado. También es comparable al derrumbe de 2008 y 2009, por caída de la demanda tras la crisis financiera. En la medida en que un abaratamiento del petróleo responda a la demanda, no cabe esperar un efecto positivo importante, ya que el precio del petróleo opera más como estabilizador que como director de la economía global. En todo caso, no hay que desestimar que la caída de los precios, en buena medida, debe entenderse como una estrategia que Arabia Saudita utilizará con frecuencia para sacar del mercado petrolero a la fracturación hidráulica, para lo cual presionará para bajar los precios del petróleo, ya que Arabia Saudita puede aguantar con bajos precios por un periodo de unos tres años, lo cual constituye una amenaza cierta para los países productores de petróleo del Medio Oriente, donde está el 75 % de las reservas. No obstante, es público que Arabia Saudita quiere acabar con su dependencia en el petróleo. En la actualidad, el crudo representa el 72 % de los ingresos de su economía. Además, aporta un 45 % del PIB y supone el 90 % de las exportaciones. Su peso en el panorama internacional no se puede entender sin el petróleo ya que es el segundo productor mundial, detrás de Rusia, y sus ingresos le permiten ser el tercer país del mundo con mayor gasto militar, con un gasto que ronda los 87 mil 200 millones de dólares, por detrás de Estados Unidos y China. Y decimos esto porque Domanik Oil AS, el joint venture a riesgo compartido entre la petrolera rusa Rosneft (51 %) y la noruega Statoil (49 %), pronto comenzará la perforación y la prueba de tres pozos de exploración horizontales, así como realizar estudios avanzados en las áreas de licencia de Samaraneftegaz, filial de Rosneft. Las empresas energéticas planean utilizar las tecnologías de desarrollo más eficientes, incluyendo la fracturación hidráulica multietapa. En todo caso, ya es un hecho el que Rusia desplazó a Arabia Saudita como productor mundial de hidrocarburos, mientras que Estados Unidos, con la producción de esquistos ahora se considera el mayor productor. Los cambios en el mercado de energía internacional y el crecimiento demográfico de Arabia Saudita son dos de los factores que hacen insostenible la dependencia de la economía en el llamado "oro negro". El aumento de la productividad, a través de la reforma económica, podría permitir a los saudíes duplicar su PIB y crear hasta 6 millones de empleos para 2030, en sectores como la minería, petroquímica, manufactura, comercio, turismo, salud, finanzas y construcción. Adicionalmente, los pronósticos de la demanda futura no son buenos; de manera que los sauditas como que si van a poner en práctica la frase de Alberto Adriani machacada más tarde por el también venezolano Arturo Uslar Prieti: "sembrar el petróleo". En fin, cada reinterpretación política tiene en común que la siembra del petróleo ha sido sinónima para crear programas para el gasto público, independientemente de la ideología; de manera que ahora los sauditas están desarrollando un plan que consiste en vender parte de su empresa petrolera en la bolsa y reinvertir los fondos obtenidos en otros sectores de la economía y diversificar sus ingresos y al mismo tiempo generar empleos para la población. Paralelamente está creando el mayor fondo de inversión del mundo al estilo de Noruega (el principal exportador de petróleo y de gas en Europa Occidental y que seguramente, en el mediano plazo, llegue a extraer dos millones de bpd, si el yacimiento "Goliat", localizado en el mar de Barents, continúa incrementado sensiblemente su contribución), ideado por el geólogo iraquí Farouk Al-Kasim, y cuyo modelo tomaría el gobierno uruguayo, en caso de tener éxito sus exploraciones. Los sauditas consideran que esta sería la manera más conveniente de ponerle fin a los vaivenes del precio del crudo que tanto afectan su economía y ha propuesto un verdadero cambio revolucionario: acabar con la conocida "enfermedad holandesa", que consiste en identificar las consecuencias negativas que sufre un país cuando experimenta un crecimiento inesperado en sus ingresos en divisas. Todos estamos claros en que cuando a un país ingresan grandes cantidades de dólares producto de la exportación de algún recurso natural, la consecuencia más inmediata es la revalorización o apreciación de su moneda; una situación que disminuye la competitividad de la industria nacional, además de experimentar una gran volatilidad de los ingresos debido a la exposición a los vaivenes del mercado mundial de los productos básicos, la mala gestión de los recursos por parte del gobierno, o la presencia de instituciones débiles, ineficaces, corruptas e inestables. "La enfermedad" se hizo evidente por primera vez después de que los holandeses descubrieron un enorme campo de gas natural en Groninger en 1959. Los Países Bajos trataron de aprovechar este recurso en un intento de exportar el gas con fines de lucro. Sin embargo, cuando el gas comenzó a salir del país, lo mismo ocurrió con su capacidad para competir con otras exportaciones de los demás países. Como en los Países Bajos se centraron principalmente en las nuevas exportaciones de gas, el valor de la moneda holandesa creció a un ritmo muy rápido, lo que perjudicó su capacidad para exportar otros productos. En medio del creciente mercado de gas y la contracción las exportaciones, los Países Bajos comenzaron a experimentar una recesión. Este proceso también se ha visto en varios países alrededor del mundo, como Angola y la República Democrática del Congo, con sus diamantes, Venezuela con su petróleo y varias otras naciones. En todo caso, si el petróleo del Medio Oriente deja de ser importante para el mundo petrolero internacional, la importancia geopolítica del Medio Oriente deja de serlo para EE.UU. y la protección militar de esos países, Arabia Saudita, Catar, Emiratos Árabes Unidos, Kuwait y Omán, por ejemplo, viene de los EE.UU. quienes ayudaron a esas monarquías a que, de la noche a la mañana, se hicieran con el control del hidrocarburo encontrado en sus territorios, y de la casa de campaña y el camello, pasaron al Lamborghini, rascacielos y a vigorosa y propia Fuerza Aérea. Diversos analistas han sostenido por décadas que la radicalización de jóvenes musulmanes ha sido financiada en EEUU directamente; no obstante, de los 19 terroristas que llevaron a cabo el ataque del 11-S contra las torres gemelas de Nueva York, doce provenían de Arabia Saudita y dos de ellos fueron reportados como hijos de un exsecretario de la embajada saudita en Washington. A todas estas, hay que tener en cuenta que los inversores incluso han estado comprado opciones de venta que pagarán si el crudo West Texas Intermediate (WTI) cae por debajo de 15 dólares el barril; no obstante, el volumen de las apuestas financieras, a ese nivel, todavía es muy pequeña, a pesar de las tentadoras previsiones indicadoras de que el petróleo, a partir de finales del 2016, podría iniciar una tendencia alcista que lo lleve hasta los 80 dólares por barril en el año 2019 y tal vez a alcanzar los 160 para el 2040, basándose en la no aparición de un desastre político o ambiental y en un crecimiento de la economía mundial, entre un 3,5 % y un 3,7 % anual, en el periodo 2016-2020, y un 3,6 % y un 3,3 % durante las dos décadas siguientes. A esto va ligado "una creciente demanda energética global, sobre todo de países emergentes como China e India, la industrialización, el aumento de la población y la expansión de la clase media, que significará el 63% del consumo de energía global", según se explica en un informe que se está cocinando en la OPEP. Por el lado del gas natural, existen importantes ahorros y serían mayores si los camiones, autobuses, barcos y vehículos de pasajeros empiezan a usarlo masivamente en sustitución de los tradicionales combustibles petroleros, ya que el transporte representa prácticamente la mitad del crudo que el mundo consume cada año. Así las cosas, Estados Unidos ha incrementado su producción en 25 %, gracias, en parte, a esas exitosas técnicas de producción del petróleo en esquistos mediante el uso de altas presiones hidráulicas o fracking, una técnica cuestionada por los ambientalistas que permite extraer gas y petróleo del subsuelo a través de una perforación en la que se inyecta agua a presión y químicos, para extraerlo, sobre todo en el campo Bakken de Dakota del Norte, Colorado, Montana y en el campo Eagle Ford de Texas. Si todos sus esfuerzos les siguen saliendo bien, y el yacimiento "Alpine High", también ubicado en Texas, se desarrolla en las próximas décadas, puede contar adicionalmente con reservas de 3.000 millones de barriles de petróleo y 75 billones de pies cúbicos de gas natural y, aunque son menores a la de otros yacimientos, sus reservas están entre las más importantes de Estados Unidos y ya no tendría que preocuparse, al menos en volúmenes, pero no de costos, por interrupciones en el suministro que alteren su economía, porque, solo el crudo de esquisto, representaría reservas equivalentes a 345.000 millones de barriles, de los cuales 58.000 millones serían recuperables por ellos; es más, después de 40 años de prohibición para exportar petróleo, los legisladores norteamericanos han pensado, seriamente, levantar la moción que les prohíbe, desde 1975, exportar petróleo, ya que esos aumentos de producción, sobre todo de esquisto, pondrá bajo presión su capacidad de refinación; de manera que buena parte del crudo adicional sería exportado a Europa y Asia, porque debido a su baja capacidad de refinación, sólo podrán absorber unos 900 mil bpd del bombeo adicional previsto de 4 millones de bpd que emergería de sus campos. Esta situación de producción y mercado, se genera en un contexto de baja de los precios del petróleo en todo el mundo y de condensación de propuestas de los países exportadores para estabilizar su curso. El siguiente paso legal para que EE.UU. sea un país exportador, es someter a voto el presupuesto federal y posteriormente el presidente deberá firmarlo. La medida también ocurre de forma paralela a que EE.UU. alcanzará su mayor nivel de producción de crudo en las últimas décadas, mediante técnicas como el fracking. Un proyecto de ley está siendo preparado por un grupo de legisladores, de mayoría republicana y algunos demócratas, que incluye el proyecto de gastos de Estados Unidos para los próximos años. Por eso en este momento ya se está llamando la era de la independencia energética norteamericana; una independencia que se logra en base a los enormes préstamos que recibieron las compañías petroleras, no solo de accionistas o bancos, sino también, mediante la colocación de cientos de miles de millones de dólares en bonos de baja calidad, pero alta rentabilidad. No obstante, si los precios del petróleo bajan y se mantienen por debajo de los costos de producción de los esquistos y los bituminosos, cerca del 50 % de todos estos bonos serán incumplidos. Pero, a pesar de todo, Estados Unidos sabe que su fortaleza como productor de petróleo tiene corta vida. De acuerdo a estimaciones de la agencia norteamericana de Información sobre Energía, su producción de petróleo mediante el fracking alcanzará su tope en año 2020, y sus reservas probadas se encuentran muy por debajo de Arabia Saudita y Venezuela. Aun con los actuales bajos precios del crudo, el llamado el "pico petrolero" no parecería estar muy distante y lejos también, de mantenerse en el tiempo, porque a pesar de que los productores estadounidenses de esquisto han contribuido a convertir los Estados Unidos en el mayor productor mundial de petróleo, lo paradójico es que esta técnica de producción es muy vulnerable a los vaivenes del mercado (demanda, ambiente, precio, competencia, etc.), lo cual tiende a sacar del negocio a muchas medianas y pequeñas empresas, y aquellas que sobrevivan, las dejará más pequeñas, más escuálidas, racionalizadas y con menos capacidad de seguir explorando, produciendo, refinando y persiguiendo su crecimiento a cualquier precio.

Es necesario considerar que la situación en Estados Unidos, que suministra aproximadamente una quinta parte de los suministros mundiales de petróleo, es prometedora para los precios más altos. El inventario de pozos perforados pero sin terminar (DUC)[1], que son una forma de capital de trabajo para E&P y son necesarios para mantener y aumentar la producción, se está acercando a niveles peligrosamente bajos. En un nivel alto, suponemos que la mayor oferta de diferenciales de fracturamiento en relación con las plataformas de perforación es un factor importante del agotamiento del DUC.

En general, los geocientíficos aseguran que la rata máxima de extracción de petróleo está a la vuelta de la esquina, antes de 2030 y que, por ejemplo, Argentina se podría convertir en la nueva Arabia Saudita, si prosperan las grandes reservas de petróleo y gas de la Formación Vaca Muerta de la Cuenca sedimentaria del Neuquen, que la IEA pronostica estarían por el orden de 16,2 mil millones de barriles de petróleo y de 308 billones de pie cúbicos de gas, lo cual colocaría a Argentina como el segundo país con las mayores reservas de gas y petróleo de lutitas, detrás de los EE.UU. De todas maneras, no deben cantar victoria, porque huele a que el alboroto con Vaca Muerta se parece

---

1 Los DUC son una forma de capital de trabajo de campos petroleros. Un pozo de petróleo de esquisto en producción se pone en funcionamiento en dos fases distintas, cada una de las cuales requiere diferentes cuadrillas y equipos especializados: el pozo se perfora primero con una plataforma de perforación y luego se estimula a la producción, o se "completa", utilizando una extensión de fractura. Un DUC es un pozo que se ha perforado pero aún no se ha completado (de ahí el acrónimo DUC: Drilled Un-Completed). Por lo tanto, cuando la tasa de perforación supera las terminaciones, el inventario de DUC aumenta. Por el contrario, como ha sido el caso desde hace algún tiempo, el inventario de DUC se reduce.

mucho a lo que hizo la IEA con la Formación Monterrey, de California, en EE.UU., cuando se hicieron unas estimaciones iniciales de las reservas de 15,6 mil millones de barriles de petróleo, que no tardarían en corregirse para reducirlas. Y no sé qué pasará con el petróleo en las cercanías de las Malvinas, ya que, aunque parezca extraño, Argentina y el Reino Unido coquetean para levantar las restricciones en hidrocarburos y permitir la exploración en busca de petróleo y gas, por parte de las empresas británicas Rockhopper y Falkland Oil & Gas, que han confirmado importante volumen de crudo en el entorno de las disputadas islas Malvinas. No obstante, los sauditas, a pesar del papel preponderante del Estado en su economía, la poca tradición empresarial y sus pobres sistemas legal y financiero que no sirven para alentar a los negocios privados, han venido trabajando en un plan para trasladar el peso de su economía desde las ganancias petroleras hacia otros sectores, que varían desde el turismo hasta tecnologías informáticas y reducir los puestos en el sector público, que actualmente emplea a dos terceras partes de los trabajadores, ayudando crear los nuevos empleos en el sector privado. De cualquier manera, lo que finalmente ocurra será el resultado de un proceso de cambio estructural que está ocurriendo a la visita de todos: nuevas tecnologías de producción, la búsqueda de la independencia energética, el estado de la economía mundial, las fuentes alternas y ambientalmente más amigables. Es necesario tener en cuenta que el costo de la energía solar ha caído en 85 % desde el año 2000, mientras el de la energía eólica ha caído en 85 % desde finales de los noventa. En ambos casos se está replicando de cerca la Ley de Moore, identificada con la tecnología de la información, doblándose cada dos años la capacidad de la industria de la energía solar y cada dos años y medio la de la eólica. De acuerdo al más renombrado futurólogo de nuestros días, Jeremy Riffkin, ambas industrias avanzan aceleradamente hacia el espacio del cero costo marginal, mientras detrás de ellas vienen las energías de la biomasa, la geotérmica y la de las olas. Estas últimas deberán estar alcanzando su verdadero despegue en una década, proyectando a la energía renovable en una curva exponencial. Para nadie es un secreto que los EE.UU. está dando el toque final a un plan de energía limpia, impulsado por su gobierno y que tendrá inmensa significación. El mismo pondrá el acento en la energía renovable en un país que, hasta este momento, basa su revolución energética en la industria del esquisto. Pero más allá de la energía renovable, el precio de las baterías de litio ha caído en 40 % desde el año 2009, mientras su capacidad de almacenamiento ha aumentado drásticamente.

Ello comienza a brindar competitividad a los vehículos eléctricos frente a los de combustión interna. A la vez, la biotecnología avanza en la sustitución del petróleo para la elaboración de plásticos y fertilizantes. La energía de la biomasa, de su lado, está dejando atrás la fase de fertilizantes intensivos y tierra y agua abundantes, para adentrarse en una segunda generación de biocombustibles mucho más económicos y limpios. Por último, se habla de la "Tercera Revolución Industrial", que desde hace algunos años adelanta la Unión Europea, apoyada en cuatro pilares. El primero es el desarrollo intensivo de la energía renovable que para el año 2050 deberá representar 70 % de su matriz energética. El segundo sería el de edificios que, en lugar de ser consumidores voraces de energía, se transformarían en plantas autónomas generadoras de energía (vía paneles solares u otras fuentes de energía renovable). El tercero, sería el almacenamiento de la energía obtenida por la vía anterior a través de la tecnología del hidrógeno. El cuarto sería el de una red eléctrica europea bidireccional que funcionase bajo los mismos parámetros de Internet, es decir, que permitiese el intercambio y la interconectividad de la energía generada por infinidad de fuentes autónomas. Esta misma red alimentaría, desde luego, a los vehículos eléctricos. Por otra parte, el grupo petrolero Repsol y su socio Armstrong Energy, intensifican la búsqueda de petróleo en los pozos llamados Horseshoe-1 y Horseshoe-1ª de la formación geológica de Nanushuk, una de las de mayor potencial para los hidrocarburos en la zona conocida como el North Slope, en el norte del estado norteamericano de Alaska, donde los pronósticos indican que existen unos 1.200 millones de barriles al día recuperables de crudo. Al tiempo, una reciente y notable alza en la producción doméstica de sus volúmenes de crudo, ha venido motivando a EE.UU. para evaluar apropiadamente la capacidad del sistema de transporte, en caso de alteración, y piensa hacer una "venta de prueba" de unos 5 millones de barriles de petróleo procedentes de la reserva estratégica estimada en 696 millones de barriles de petróleo. Pero no solo EE.UU. está aumentando exploración y producción de crudo. Por ejemplo, en la región keniana de Turkana, la compañía británico-irlandesa Tullow Oil, está trabajando para extraer, y luego exportar petróleo en el año 2017, una vez termine los trabajos de perforación en otros ocho pozos para aumentar su capacidad a unos 1.000 millones de barriles; de manera que para el año 2019, Kenia va a ser un importante productor y exportador de petróleo. También lo está haciendo Cuba, por intermedio de la empresa MEO Australia, empresa que tiene la certeza de que, en Cuba, concretamente en el Bloque 9, ubicado en tierra, en la zona norte de las provincias de Matanzas y Villa Clara, existe petróleo de alta calidad, entre los 2000 y los 3500 metros de profundidad y esperan que la extracción pueda comenzar pronto. Y para nadie es un secreto que actualmente Cuba discute con México y EEUU, un acuerdo para la explotación conjunta del yacimiento, ubicado justamente en la frontera marítima de las tres naciones, en un área de 20.000 km², más allá de las respectivas 200 millas de zona económica exclusiva de los tres países, donde las reservas de petróleo y gas son enormes. Adicionalmente, México, en sus aguas profundas (3.600 metros) del golfo de México, en las cuales Petróleos Mexicanos (Pemex), hizo recientemente un nuevo descubrimiento de crudo ligero y gas condensado, en la formación del oligoceno, espera que éstos superen los 200 millones de barriles de crudo equivalente, falta que le hace ya que importan unos 100 mil barriles diarios de petróleo liviano producido en EE.UU. para diluir sus pesados, alimentar sus refinerías y producir gasolina. Por su parte, EE.UU. importará cada vez mayores volúmenes de crudo de su vecina Canadá si el actual oleoducto Keystone que actualmente transporta en promedio 1.3 millones de bpd y, que, si el proyecto de ampliación de la petrolera canadiense TransCanada se cristaliza, le añadiría

830 mil bpd, que le aseguraría a Estados Unidos el acceso al abundante recurso energético que se transportaría a través de un oleoducto de mil 897 kilómetros de largo, desde Hardisty, Alberta (Canadá), hasta Steele City, Nebraska (Estados Unidos). La puesta en operación de este oleoducto, por supuesto que también beneficiará enormemente a Canadá, quinto productor mundial de petróleo y miembro del G7, que ante un seguro derrumbe de los precios del crudo, podría entrar en recesión, debido a una contracción de su PIB que la obligaría a bajar fuertemente los gastos e inversiones de las empresas en el sector petrolero, del gas y minero, así como el enlentecimiento del sector manufacturero, la construcción y los servicios públicos, como es natural en estas crisis. No obstante, la estrecha relación con EE.UU. le permitiría sacar provecho de una aceleración del crecimiento de su vecino. La búsqueda de petróleo no mengua y Uruguay no se queda atrás, ya que un consorcio liderado por la multinacional francesa Total, trabaja en estudios de exploración sísmica 3D a unos 200 kilómetros de La Paloma, a un costo de alrededor de US$ 1 millón diarios.

Ese procedimiento permite un mapeo de alta resolución del subsuelo, con el cual se observa la densidad de fluidos dentro de la roca, y así se estima la existencia de reservas de hidrocarburos. A pesar del peligroso optimismo de los uruguayos, y no es para menos, la empresa Total ha comunicado que sus investigaciones en el mar uruguayo, en búsqueda de petróleo, no están arrojando hasta el momento resultados prometedores, y que, si no encuentra crudo o no lo hace en volúmenes importantes, se retirará del país. En este mismo orden, existen grandes expectativas de hallazgo de petróleo en aguas próximas a Canarias, bajo jurisdicción marroquí, y desde hace un tiempo, Colombia ha venido aumentando las expectativas de producción y reservas del bloque Caño Sur, así como la producción y exportación en otras localidades que lo sitúan, si bien no como una potencia petrolera, como el cuarto productor de crudo de América Latina. No obstante, dicha bonanza petrolera, les será difícil mantener por encima del millón de barriles al día en promedio, debido a la caída de los precios del petróleo y su consecuencia en las inversiones en el sector, que genera cerca del 20 % de sus ingresos corrientes o casi 13.000 millones de dólares anuales entre regalías, impuestos y derechos económicos. Incluso ha estado negociando con su vecino Ecuador para que le permitan que el petróleo que produce Colombia, en la región amazónica del fronterizo departamento de Putumayo (sur) y otras regiones vecinas, salga por el oleoducto transecuatoriano; lo cual no es difícil que se materialice ya que a los gobernantes ecuatorianos no les importa mucho la cuestión ambiental, habidas cuentas de que Ecuador comenzará a explotar yacimientos petrolíferos en Tiputini, parte de la zona llamada bloque ITT que se halla dentro del parque amazónico Yasuní, reserva de la cuenca amazónica que la mayoría de los ecuatorianos desea conservar porque se trata de una de las áreas más ricas en biodiversidad en el mundo. No hay que olvidar que el asunto es económico y no ambiental, como quedó demostrado cuando en el año 2007, el presidente Rafael Correa planteó la posibilidad de evitar esa extracción a cambio de una compensación internacional de 3.600 millones de dólares, iniciativa que se dio por fracasada pocos años después. De cualquier manera, la estatal Petroamazonas planifica la perforación de 40 pozos para recuperar 166 millones de barriles, produciendo, en promedio, unos 20.000 bpd. En todo caso, la estrategia de Bartoleé sigue los pasos de Venezuela, en el sentido de diversificar sus mercados justamente para reducir la dependencia de Estados Unidos, despachando cada vez más crudo a la India, a la cual se le envían tradicionalmente aproximadamente un 20 % de la producción de crudo de Venezuela; y en el futuro, si la cuestión ideológica no lo impide, seguramente se convierta en el cliente preferido de Venezuela, debido a la disposición de la nación a pagar por el crudo en efectivo y que el PIB indio avanza a buen ritmo y se sitúa como la economía más dinámica del G20, mediante la reducción de la burocracia, el combate de la corrupción, la mejora del clima de negocios y la inversión en infraestructura. De manera que ahora su economía y población están creciendo más rápido que las de China y muy pronto superará a Japón como el segundo mayor consumidor petrolero de Asia, y el tercero más grande del Mundo, después de China y EE.UU. La demanda petrolera se sitúa en 4,1 millones de barriles diarios, y tiene un crecimiento de 0,4 Mmbd, el 30 % del crecimiento de la demanda mundial. Además, la demanda de India crecerá, más rápido que en cualquier otro país en las próximas décadas, ascendiendo a 10 Mmbd en 2040; mientras la dependencia de las importaciones, que era de 43 % en el año 1990, saltará a 90 % en el año 2040. Por otra parte, el gobierno indio ha animado a las empresas petroleras públicas y privadas a adquirir activos petroleros en el extranjero, desde Rusia y Sudán, hasta la empobrecida Venezuela, como una forma de garantizar su seguridad energética. Después de un período de cierto retraimiento tras la crisis económica mundial, las empresas petroleras indias parecen estar mirando de nuevo al extranjero. Mientras tanto, Petróleos de Venezuela (Pdvsa) se ha visto en la obligación de recortar la exportación de petróleo a India, país al que intentó aumentar la venta de crudo durante una década. La estatal renunció a ese objetivo por dos factores: la reducción constante de su producción, que significa menos ingresos en divisas para la aislada economía venezolana, que vive una escasez crónica y alta inflación y, los compromisos económicos con China y Rusia, que debe cancelar con crudo y combustible. Por otro lado, los líderes chinos están comprometidos a mantener en su país la estabilidad y continuidad en las políticas macroeconómicas, al tiempo en que se han empeñado en impulsar reformas más prudentes y proactivas, para resolver los problemas de sobrecapacidad y reducir su dependencia de las inversiones y de las exportaciones, para que tengan una mayor orientación hacia un acceso más popular en la demanda interna de electricidad, automóviles y otros bienes y servicios, que los llevaría a experimentar un alza en la importación de petróleo, la cual pronto llegará a 7,4 millones de bpd, al tiempo que hacen grandes esfuerzos para impulsar la innovación mediante planes quinquenales que incluyen el denominado "Programa de los Mil Talentos" para atraer extranjeros expertos de alto nivel en tecnología, sin que por ello abandonen, por su puesto, las políticas que la lleven hacia la construcción completa de un país socialista moderno.

Así que, tras tres décadas de una vertiginosa expansión de su economía., la segunda mayor economía mundial está en vías de convertirse en la primera, si EE.UU. no le eleva los aranceles. De tal manera que China se ha planteado, para mediano plazo, una meta mínima de crecimiento del 7,5 por ciento e intentará controlar la inflación en torno al 3,5 por ciento y espera que la inversión foránea al final del año, sin contar el sector financiero, aumente también un 3,5 por ciento interanual, como consecuencia de políticas más estables y sobre todo, una política monetaria "prudente" y una política fiscal proactiva, para lograr un desarrollo económico más centrado en la calidad que en la cantidad, menos dependiente de la exportaciones y menos vulnerable a las crisis del mercado internacional, pero más sustentado en su enorme, y aún no del todo desarrollado, mercado interno. Y,

a pesar de los relativos, pero constantes crecimientos de su economía, tiene problemas que le impiden recurrir completamente a la producción nacional, como los suelos inutilizados por inundaciones y por el gran uso de productos químicos, todo lo cual los obliga a recurrir a los mercados internacionales, sobre todo a los latinoamericanos, como Brasil, Argentina, Brasil, Colombia y Uruguay, para solventar la elevada demanda interna de alimentos básicos como la carne, la leche, el maíz , pero también café, té y otros productos, para su población; aspecto este que crea distorsiones en la demanda y en los precios globales.

No cabe duda de que China, pese a su economía vacilante, pronto superará a Estados Unidos como principal importador mundial de petróleo y se espera que sus compras se mantengan fuertes a pesar de la evidente desaceleración de su economía; pero cuidado, una desaceleración y por ende, una bajón en la actividad industrial china, es un indicador de una disminución en la demanda de ese gigante, lo cual generaría temores que arrastrarían tumultuosamente, no solo los mercados bursátiles del mundo, sino se cargaría consigo el precio del petróleo y las *commodities,* hasta un nivel bastante bajo, donde ya es el principal usuario de casi todas las materias primas, incluido el carbón, el mineral de hierro y la mayoría de los metales, con implicaciones de largo alcance para los mercados que siguen desplazándose de oeste a este y representa aproximadamente el 12 % del consumo mundial de petróleo y se ha convertido en el segundo mayor devorador de crudo y uno de los mayores consumidores de energía, después de los Estados Unidos y pronto incrementará su consumo en casi 3,4 % para alcanzar 10,07 millones de bpd. No obstante, gran parte de sus requerimientos, especialmente en petróleo y gas natural, dependen de las importaciones, pero sus descubrimientos de petróleo y gas natural han mantenido un fuerte ritmo que les está permitiendo un sólido incremento en la producción, ya que descubrió en la cuenca Ordos, su mayor campo de petróleo de esquisto, el cual tiene reservas probadas de 7.000 millones de barriles de petróleo. Pero ya había descubierto, en la región de Qingcheng, al noroeste de China, otros 2.513 millones de barriles y halló 4.851 adicionales en dos campos. Así que el negocio del petróleo de esquisto se ha convertido en un nuevo motor impulsor de su desarrollo y la ampliación de sus operaciones. Mientras que en toda Europa el consumo es de 13,4 millones de bpd, y en declive, debido a los nubarrones que todavía sobrevuelan su economía. Mientras tanto, China adelanta conversaciones con Rusia, quien, por intermedio de su monopolio de exportaciones de petróleo Transneft Serguéi Andrópov, pretende incrementar sus importaciones de crudo ruso, en aproximadamente un 50 %, a través del oleoducto Ruso Eastern Siberia-Pacific Ocean; y de cristalizarse, dejarían en segundo lugar a Arabia Saudita que solo las ha aumentado en unos 4 %. Pekín también ha estado incrementando sus importaciones de petróleo desde Irak, Omán, Brasil, Kuwait, Venezuela y los Emiratos Árabes Unidos. Y para nadie es un secreto que Rusia está estudiando la factibilidad de privatizar Rosneft para entregársela a los testaferros de Putin, lo cual, sin duda alguna, a corto plazo, significará un gran bocado de corrupción, pero mientras tanto, las negociaciones entre Rusia (Rosneft) y China (National Petroleum Corporation) también persiguen concretar un acuerdo para que Rosneft suministre petróleo por el orden de 300 mil millones de dólares. Igualmente, mientras esa privatización prospera, los rusos, valiéndose de las facilidades de negociar directamente con Venezuela, sin participar en licitaciones, buscan firmar contratos, como el que adelantan con Venezuela, para que Rosneft se convierta en el mayor receptor de crudo venezolano, amortizando así miles de millones de dólares en préstamos otorgados a Venezuela en la última década y, a su vez, impulse la operatividad de cinco empresas ubicadas en la Faja Petrolífera del Orinoco, que , por ahora, extraen en conjunto 170 mil barriles diarios y, mientras esto cristaliza, la empresa estatal de petróleo, de Venezuela, PDVSA y la empresa rusa Rosneft Trading, S.A., se encuentran discutiendo las bases para un acuerdo de entendimiento que los lleve a firmar un "Contrato de Exportación Comercial" y de "Declaración de Financiamiento". En una clara estrategia, los rusos buscan proveer con crudo de Venezuela a la refinería de India Vadinar, una vez que prosperen las negociaciones de Rosneft para comprar la compañía india Essar Oil y suministrar crudo en grado para refinar, abriendo la puerta del gigante energético al mercado de combustibles de más rápido crecimiento en el mundo. En este orden de negocios, PDVSA, en alianza con Rosneft, que participa como socio minoritario de Venezuela en las empresas mixta Petromonagas y Petromiranda, de la FPO, así como en las empresas mixtas Boquerón y Petroperijá, situadas en el estado Zulia, constituirá próximamente una empresa mixta a la cual ya le tienen nombre: Petrovictoria, que tendría por objeto la exploración y explotación de crudo y gas natural en la División Carabobo; que es el bloque de mayor producción y crecimiento dentro de la FPO, zona estratégica que cuenta con las mayores reservas de hidrocarburos del planeta. De manera que Petrovictoria se encargaría de desarrollar las reservas probadas en los bloques Carabobo 2 Norte y Carabobo 4 Oeste de la FPO, estimadas en 15.596 millones de barriles, con la promesa socialista de construcción de 33 Unidades Básicas de Construcción de Producción (UBCP) y la perforación de 571 pozos con una producción promedio de 700 barriles por día cada uno, para un total de 400.000 barriles diarios, asunto que nadie cree posible con el actual régimen de gobierno venezolano. En todo caso Rusia, a través de Rosneft ha estado presionando y sobornando, por supuesto, para que Venezuela le otorgue generosos incentivos que incluyan una exención del impuesto al valor agregado y los impuestos a la importación y, mientras tanto difiere sus inversiones para concretar sus planes de absorber el 70% de las exportaciones totales del petróleo de Venezuela antes de que la producción siga cayendo en picada y sea más difícil mantenerla y recuperar los niveles de antaño, antes de la supuesta y cacareada revolución . Paralelamente, los chinos han estado bastante interesados en los desarrollos de shale oil en Estados Unidos y en varias naciones de América Latina, mostrándose dispuestos a invertir grandes cifras para apoyar a las compañías, a cambio de obtener experiencia en la explotación petrolera y gasífera de esos yacimientos no convencionales. Pero por supuesto que los rusos no se quedan atrás. Según la Administración de Información Energética de Estados Unidos, Rusia posee las mayores reservas mundiales de petróleo de pizarra técnicamente recuperable, estimadas en cerca de 75.000 millones de barriles, también están trabajando para valorar las perspectivas de producción comercial, de este tipo de petróleo de esquisto bituminoso, en la formación de Domanik, ubicada en la provincia suroccidental rusa de Samara, cerca de la frontera con Kazajistán, en la región de los Urales y el consorcio Gazprom que comercializa petróleo y gas, comenzó la explotación de petróleo desde la plataforma flotante Prirazlómnoe, en la plataforma continental ártica del mar de Bárents (Pechora) y, en muy poco tiempo, Rusia se convertirá en el primer país en suministrar petróleo del Ártico, asegurando que lo transportarán durante casi todo el año, a pesar de las extremas condiciones climatológicas de la zona y de la baja calidad de ese petróleo. Adicionalmente, existen fuertes temores y es fundamental entender, que la Reserva Federal de Estados Unidos (FED), más temprano que tarde, si no se presenta una calamidad, terminará elevando las tasas de interés, que mantiene en cerca de cero desde el año 2008, causando depreciación de la mayoría de las monedas del mundo y golpeando el crecimiento, no solo en los países desarrollados, sino también en los mercados emergentes, produciendo un efecto negativo en los precios del crudo, que podrían mantenerse bajos. Y si sumamos a esto los temores de que paralelamente se están colocando nuevas porciones de crudo fuera de la Organización de Países Exportadores de Petróleo y se adelantan desarrollos de crudos convencionales en países emergentes como el gigante Brasil, la primera economía latinoamericana, séptima economía mundial y décimo productor mundial de petróleo, aunque lamentablemente su clase política está sumergida en graves escándalos de corrupción. A esto hay que agregarle las reformas energéticas que están cocinando en el seno del Congreso mexicano, que podría permitir la entrada, al sector, de empresas diferentes a Pemex, para busca atraer ingentes inversiones privadas locales y extranjeras para apuntalar la estancada producción de hidrocarburos mediante diversos tipos de contratos y licencias que garanticen a los inversionistas una absoluta certeza jurídica y permitan, a la estatal Pemex, operar sola o con socios estratégicos, para elevar su producción de petróleo convencional y no convencional que les dé un rendimiento positivo o al menos les permita, como premio de consolación, aliviar su actual dependencia de las importaciones de gasolinas y gas. Adicionalmente en áreas de lutitas, Pemex solicitó una fracción de los recursos prospectivos del país con el fin de desarrollar capacidades tecnológicas para su futuro desarrollo. Paralelamente se están desarrollando múltiples proyectos en varios países como Brasil, donde la producción de petróleo en la zona conocida como Presal, en aguas profundas del litoral atlántico, ya alcanza 407.000 barriles diarios y atesora grandes reservas de crudo liviano y gas natural a unas profundidades de hasta 7.000 metros. Igualmente, otros países desarrollan proyectos para sacar más crudo de aguas profundas, así como explotar los crudos extrapesados. A estas realidades debemos agregar que Irak, tras décadas de guerras, sanciones, problemas de infraestructura y seguridad, se mantiene como el segundo mayor productor de la OPEP, luego de que las grandes petroleras firmaran acuerdos para explotar los campos de crudo del sur y, aunque parezca optimista, pronto veremos su producción en unos 3,5 millones de bpd y si la disputa entre Bagdad y la región del Kurdistán se solventa, en el mediano plazo, podría llegar a 10 millones de bpd ya que actualmente los iraquís trabajan para reactivar sus campos abandonados como consecuencia del bloqueo económico impuesto en los años noventa, y pronto pondrán en operación las facilidades para la producción de crudo en el campo de Oeste de Qarana 2, en la provincia meridional de Basra, con una capacidad potencial de hasta 400.000 bpd. Igualmente excavan 48 pozos petroleros y levantan una central eléctrica y varios establecimientos de potabilización de agua, en línea con su objetivo de aumentar su producción de petróleo a los 10 millones de bpd que tienen planificado. De la misma manera hay que tener en cuenta que Irán regresará al mercado petrolero, tras un inevitable acuerdo con las potencias occidentales, encabezadas por Rusia, China y Estados Unidos, que, aunque las relaciones con este último sean siempre una bomba de tiempo, pero los aliviaría, al menos limitadamente. Así las cosas, las sanciones y la normalización de las relaciones cambiaran constantemente y tal vez, hasta terminaran parcialmente con el estancamiento generado tras una década de sospechas de que Irán ha estado buscando, de manera encubierta, obtener la capacidad para fabricar armas nucleares, una acusación que Teherán niega y, por supuesto, negará siempre, afirmando que su trabajo atómico tiene fines puramente pacíficos. De manera que un acuerdo de este tipo agregaría más crudo al mercado, digamos que unos 500.000 barriles a corto plazo, un millón de barriles en el mediano plazo y proyectan que, una vez finalizadas las sanciones internacionales al país, repuntarán nuevamente en el mercado y sostendrán el tercer lugar como país productor de la OPEP y aumentan sus exportaciones de crudo y gas a unos 2,5 millones de bpd y finalmente producirían 4,6 millones de bpd, muy por encima de los niveles de entre 3,8 millones y 4,0 millones en que se encontraba su bombeo antes de las sanciones internacionales contra Teherán. Y, existen Altas probabilidades de que Irán confirme el descubrimiento de un nuevo yacimiento que se extiende de Bostan a Omidiyeh, dos ciudades de la provincia de Khuzestan, en el suroeste de Irán, cuyas reservas pudieran estar por el orden de los 53.000 millones de barriles. ¡ Bueno!, en todo caso se perfila un verdadero exceso de oferta que, en el seno del Banco Mundial, está animando análisis y escenarios con el precio hasta los US$ 10, ante lo cual un creciente número de analistas y operadores, aconsejan que nos preparemos para ese escenario donde un petróleo más barato sería económicamente positivo para los consumidores y las empresas; sin embargo, sólo EE.UU. es capaz de sacar el mejor provecho del colapso en el precio del crudo mientras que el resto del mundo batallaría para continuar disfrutando de los precios bajos de petróleo. La producción industrial en Japón, la tercera economía más grande del mundo, se encuentra alrededor de 15 % por debajo de su máximo en año 2008. Alemania, la cuarta economía más grande, crece sólo a una tasa de 1.7 % anual, y los países que componen la zona Euro comparten una tasa de desempleo de 11 %, mientras que será perjudicial para el presupuesto de los productores de petróleo, sobre todo los productores de bituminosos. Además, pondrá a prueba los límites de las instalaciones de almacenamiento de petróleo en todo el mundo, que poco a poco se llenarán hasta el tope, ya que no tienen ninguna cantidad infinita y, por supuesto, el volumen total de depósitos disponibles es un tema opaco para algunas regiones importantes. Pero, por ahora, y solo por ahora, y en vista de dónde nos encontramos, se supone una caída gradual del precio del crudo para el mediano plazo, lo cual representa para los países exportadores una mala noticia, porque lo más probable será una fuerte reducción, a largo plazo, de los precios del crudo; tal vez en forma significativa debido a cambios en la demanda que presionaran su supremacía. Habidas cuentas, mientras el petróleo colapsa a un mínimo de dólares por barril, las compañías, en Estados Unidos, se están volviendo cada vez más eficientes y la demanda de los consumidores se está disparando. Los menores costos de materias primas y de la energía necesaria para operar una fábrica, están permitiendo, a las empresas estadounidenses, producir más a un menor costo. Al mismo tiempo, los consumidores tienen dinero extra para gastar, lo cual les permite impulsar las ventas de compañías como Whirlpool, Car Max y Chipotle Mexican Grill. Las ventas por acción de 85 compañías en el Índice de Consumo Discrecional de S&P están en su valoración más alta desde que Bloomberg comenzó a recopilar los datos en el año 1990. Por ejemplo, esta situación ha hecho que el margen bruto de General Motors esté aumentando, al igual que aumenta para Goodyear Tier & Rubber, el tercer productor más grande de llantas del mundo y para Alcoa, el productor de aluminio más grande de EE.UU. Recordemos que la última vez que las compañías mostraron una notable mejora en su rentabilidad fue en el periodo inmediatamente posterior a la crisis financiera a finales del año 2008, cuando el crudo alcanzó un precio de $40 dólares el barril. Si estas expectativas se sostienen, el periodo que se correlaciona más con el presente es la década de los noventa cuando el barril de petróleo oscilaba en los 20 dólares por barril. En aquel entonces, como ahora, el crudo barato impulsó el precio del dólar, que ascendió 46 % entre el año 1995 y el año 2001, mientras las empresas estadounidenses se volvían increíblemente rentables. Incluso el dólar fuerte de hoy en día, se encuentra 17 % por debajo de su máximo alcanzado en el año 2001, y los márgenes brutos ascendentes permiten aligerar el impacto de la moneda más fuerte. Una vez más, la economía estadounidense mejora en una era de petróleo barato. ¡Bueno!, un escenario, que más que posible es probable e imposible de descartar, es que contrario a los pronósticos que indicaban que la actividad de fracking cesaría rápidamente con los precios por debajo de los US$ 60, en Estados Unidos, la Agencia Internacional de Energía, el organismo regulador del petróleo en el mundo occidental, estima que en las siete principales zonas de producción, el bombeo caería poco y, si bien algunos detractores de esta técnica acuñan la expresión FukingFracking, los productores estadounidenses podrían responder FrackersGonnaFrack; de manera que de alcanzar ese precio, probablemente se producirá un fuerte aumento en la producción de petróleo, coincidiendo con un menor crecimiento de la demanda global. La OPEP ha mantenido, sin variación, el techo de producción fijado precisamente en el contexto de la crisis financiera internacional desde hace unos años y, aunque los precios se situaran por debajo del punto de equilibro, una reducción del tope no se avizora en el panorama; por otro lado, un alza de los precios estimulará la producción a través del fracking, industria rival de la OPEP que se sumaría a esos nuevos y vastos hallazgos de crudo y gas natural en países como India, Bahréin y Uganda y otros alrededor del mundo, que por el lado de la demanda, ya van cubriendo un tercio del parque automotor de Brasil, que ya no necesita gasolina para funcionar. Esta apreciación señala un enorme contraste con el paradigma dominante que hasta hace poco postulaba que, por un lado, las economías en desarrollo se expandirían, incrementando la demanda y, por el otro, que la producción global y el suministro caerían. <> — pensaba Pedro Pablo.

# CAPÍTULO 17
## INDICADORES

Volviendo a Bartoleé, los indicadores económicos publicados sobre el giro de la nación, que según los voceros del gobierno, son cifras mal intencionadas y "tergiversadas" por los opositores, señalan una gigantesca brecha entre los ingresos ordinarios y los egresos, orientados en gran parte al gasto corriente y a otro paralelo poco transparente, lo cual ha provocado un déficit fiscal por el orden de 15 % de su PIB y el gobierno continúa recurriendo a la impresión de dinero para cubrir esa brecha, superando incluso el de las también maltrechas y mal administradas economías de la zona euro, en especial aquellas que han sido gobernadas por regímenes socialistas como España, Grecia y Portugal. Todo esto tendría como consecuencia una mayor aceleración de la inflación, así como una caída importante de las posiciones en divisas. Los continuos errores del régimen, obviamente han hecho que Bartoleé pasara a tener el riesgo país más elevado del mundo, seguido de Ecuador, que está bastante distante y, si la República necesita obtener financiamiento, para cubrir parte de sus cada vez mayores gastos, tendrá que vender sus bonos en el exterior pagando una elevada tasa, porque esa percepción de riesgo de los inversionistas, concretamente se traduce en que si Bartoleé emite bonos tendría que cancelar una tasa de 14,6 % en contraste con 2,875 % que paga Brasil, un país que, de seguir con sus políticas socialistoides, impulsadas por Lula da Silva, más pronto que tarde, se hundirá en la más profunda recesión y alcanzará alta inflación; no obstante, y por ahora, Brasil, a pesar de su enorme endeudamiento, sigue teniendo acceso a vías de financiamiento, es decir, los inversores confían en que no se irá a la bancarrota. Pero en general, cuando un país está altamente endeudado, las posibilidades de conseguir oxígeno económico son más escasas o mucho más costosas, porque su calificación de riesgo se eleva debido a las dudas sobre las probabilidades de incumplimiento. El desempleo ya alcanza 13 millones de personas, una cifra récord de empresas quebradas y una moneda en declive, a lo que se añadirá los bajos precios de las materias primas, un menor comercio con China y un creciente escándalo de corrupción en el gobierno y empresas como Petrobras, lo cual generará una grave crisis política. De cualquier manera, la llamada "marea rosa" de la izquierda latinoamericana, pintada por Lula y que surgió bajo la promesa de una nueva política para un nuevo siglo, combinando políticas ortodoxas y "amigables", con el boom del mercado de materias primas, con programas sociales disque revolucionarios, no tardará en desvanecerse, como necesariamente se desmoronará la de los rojos de Bartolee, la corrupta kirchnerista de argentina, la socialistoide u super corrupta chavista de Venezuela, la boliviana del torpe cocalero indígena Evo Morales, la del corrupto Rafael Correa y la nicaragüense del violador Daniel Ortega, que coquetea con eternizarse en el poder directa o indirectamente a través de su mujer Rosario Murillo, como pretenden todos los dictadorzuelos que solo quieren acceso a los fondos públicos para su propio beneficio. Se vendrán a bajo, sin duda alguna, porque los pueblos están despertando; porque desean gobiernos más pragmáticos, comprometidos con la democracia y una sólida y ejecutable agenda social y no la descomunal recesión desencadenada por la corrupción y la pésima administración, que contradice, con creses, las promesas de creación de bienestar, riqueza e inversión. Pero bueno, la realidad es que hoy, por ejemplo, España paga mucho menos que Bartoleé, a pesar de ser un país que, gracias al PSOE, está al borde de la banca rota y al que se le exige un interés once veces menor (1,34 %) o Estados

Unidos, que es la nación que, por su credibilidad, se financia al menor costo. Esta situación ha sido percibida debido a las persistentes dudas sobre la capacidad de pago y la certeza de que no se han tomado las medidas adecuadas, a pesar de su intento desesperado por controlar en algo la liquidez monetaria, una de las causas de la elevada inflación, como por ejemplo, el gobierno, cada dos meses, ha venido aumentando el encaje bancario, que obliga a los bancos a mantener, en el Banco Central, una reserva obligatoria con relación a depósitos y otras obligaciones, independientemente de la forma en que se contabilicen en su balance. De manera que Bartoleé, debido a la demora de políticas que hagan frente a la creciente inflación, la inestabilidad macroeconómica y a una distorsión en el mercado de divisas, mantiene, según la agencia Fitch Ratings, una calificación de solvencia de "B" con perspectiva negativa, potenciada por el ciclo de inestabilidad política que incluye continuas y violentas protestas en las calles. En el mismo orden, Standard & Poor's (S&P) estudia bajar la nota de la deuda de Bartoleé y situarla, al igual que lo haría con la de su vecina Venezuela, en la categoría de alto riesgo (de "B" a "CCC+"), lo cual significa una categoría especulativa y con perspectiva negativa; es decir, que la calificadora podría bajar aún más, a mediano plazo, la categoría de estos países, obedeciendo, por supuesto, a los temores del mercado a que no sean capaz de hacer frente al pago de sus bonos soberanos y de sus petroleras estatales y justificándose, además, en el claro "deterioro económico" de estos dos países latinoamericanos. "La recesión económica, la alta inflación y las crecientes presiones sobre la liquidez externa seguirán erosionando la capacidad de sus gobiernos para pagar sus obligaciones externas en los próximos años", ha advertido S&P en la nota en la que basaría su decisión, en la que apunta también que la nueva calificación "reflejaría la mayor vulnerabilidad de Bartoleé y Venezuela" y su "creciente dependencia de precios favorables del petróleo para tratar, con seguridad, sin éxito, alcanzar sus compromisos financieros". Además, la agencia entiende que la persistente polarización política en el país latinoamericano aumenta el riesgo de un incumplimiento de deuda por parte del Gobierno. Precisamente, el mercado financiero, incluso hasta duda que pueda pagar los bonos si no logra refinanciarlos a intereses y riesgos mayores. S&P tampoco es muy optimista con sus proyecciones económicas de Bartoleé. Estima que el PIB se contraerá mucho más y que la inflación alcanzará hasta un 65 % a finales de año y se incrementará muchísimo más en los próximos dos a tres años y, además, los economistas que le hacen seguimiento a las cifras, pronostican una verdadera hiperinflación que, con seguridad, a mediano plazo, superará los tres dígitos y podría alcanzar valores siderales de hasta 15.000 %. Concretamente hablando sobre Venezuela, que es el país con las mayores reservas petroleras del mundo, atractivo que, a pesar de no dejar de resultarle apetitoso a la banca de inversión, las compañías que invierten, no solo están perdiendo fe en recibir el fruto de sus inversiones, sino que ante la certeza de que el bolívar irá perdiendo aceleradamente su valor, todos corren a proteger su ingreso en bolívares tratando de comprar dólares en un mercado en el que no hay una oferta suficiente y, como la demanda no es solo para protegerse, sino también para pagar operaciones de compra-venta en una economía que se dolariza cada vez más, la mayor demanda de divisas ejerce una permanente presión al alza de la tasa de cambio, ya que cuando una gran cantidad de bolívares intenta comprar pocos dólares, la tasa de cambio, por simple lógica la contención cambiaria se hace insostenible y el precio del dólar se dispara y hasta se produce una especie de pérdida del poder adquisitivo del dólar, debido al desquicie de los precios y el rezago en la evolución del precio del dólar en bolívares, lo cual, sin duda, se prolongará mientras la dinámica económica venezolana siga afectada por una persistente contracción de la economía, un déficit fiscal y su financiamiento monetario con emisión de dinero inorgánico para sostener al equivocado régimen que ostenta el poder. A esa percepción negativa se suman muy de cerca, Ucrania con 12 puntos, donde la crisis política también es aguda, luego Argentina, que tendría que cancelar 9,66 puntos porcentuales y Bielorrusia 7,34 %, y muy lejos se encuentra el resto de los países latinoamericanos donde el promedio es de 4,6 %. El incremento de la percepción de riesgo sobre la marcha de la economía bartoleénse también queda clara al observar el desplome de los bonos en los últimos doce meses. El Global 27, el título más representativo de la cesta de bonos bartoleénses, está en 64,9 % de su valor y en un año ha registrado una caída de 38 puntos porque los fondos de inversión han comenzado a vender parte de sus posiciones y el peso de los títulos del país ha disminuido en los portafolios. Hacemos énfasis en esto porque el problema es estructural y obedece al sistema de gobierno socialistoide, totalitario y caduco, que se está imponiendo en Bartoleé. En realidad, desde hace varios años el mercado comenzó a percibir un mayor riesgo en los bonos de la deuda pública que emite Bartoleé para atender diferentes compromisos internos y externos como el refinanciamiento o reestructuración de la deuda, el financiamiento de la gestión fiscal y el aporte local a proyectos. En general todos los títulos reflejan el aumento de la desconfianza en medio de la falta de claridad sobre cómo el Gobierno cubrirá un déficit entre ingresos y gastos, señales de escasez de divisas y el descenso de las reservas internacionales que no tardará mucho en acumular divisas diferentes al dólar o el euro, así como diamantes y otros metales preciosos además del oro; lo cual no es malo, ya que se trata de divisas libremente convertibles y de aceptación universal, así como aquellas monedas que sean empleadas como moneda de cuenta o de pago en compromisos asumidos por la República. Lo que no parece lógico es pensar en aumentar las reservas a costa de la incorporación de activos que carecen de liquidez y libertad de uso, como los fondos percibidos por préstamos provenientes de aliados como China y Rusia; por el contrario, debería pensarse en acreditar las reservas de petróleo, carbón o mineral de hierro, siguiendo el ejemplo de Chile quien utiliza el cobre para soportar sus reservas internacionales. En todo caso, es lógico vaticinar conflictos con organismos internacionales como el Fondo Monetario Internacional, institución creada en 1944 y buque insignia de la ortodoxia de la economía de libre mercado, ya que la reforma flexibilizaría el concepto de Reservas Internacionales. Por su parte, debido a la caída de los precios petroleros y la desaceleración en su producción, a Venezuela no le quedará más opción que tratar de aliviar la carga financiera y buscar un período de gracia en los acuerdos del Fondo Conjunto Chino-Venezolano, constituido en 2007 por 6 millardos de dólares, de los cuales 2 millardos los asignó el gobierno de Venezuela a través del Fondo de Desarrollo Nacional y 4 millardos correspondieron al crédito del Banco de Desarrollo de China; tramo este que se terminó de pagar en año 2011. El segundo es el Fondo Gran Volumen que fue creado en año 2010 con un crédito por 20 millardos de dólares, de los cuales 50 % se entregaría en dólares y 50 % en yuanes. Ambos financiamientos se cancelan con el envío diario de barriles de crudo, sujeto al comportamiento del precio del petróleo; es decir, si cae la cotización se debe destinar un mayor número de barriles. Esta es la razón por la cual el Ejecutivo ha estado buscando mejorar las condiciones de pago, en vista de que el fisco se encuentra en una situación muy vulnerable, debida, como observamos, al descenso en la producción de su petróleo. Esta situación dificulta que la petrolera cumpla con sus responsabilidades con los clientes tradicionales y con el esquema de financiamiento con el país asiático. No obstante, las relaciones con China se han ido fortaleciendo, ya que China necesita asegurarse materia prima energética para garantizar su desarrollo. No sobran los que opinan que Venezuela no debió endeudarse durante el boom de precios, sino más bien pagar deudas y ahorrar y hasta aseguran que los acuerdos con China son poco transparentes y, por tanto, es difícil evaluar si las condiciones son atractivas para el país. Además, se piensa que lo negativo con estos acuerdos es que parte de los recursos que se obtienen deben ser destinados a la adquisición de productos chinos de compañías chinas, mientras que con otras fuentes de financiamiento no se tendría esas limitaciones, además de que la relación entre China y Venezuela no es recíproca, ya que mientras Venezuela realizó compras que ubicaron en segundo lugar a China como país de origen de sus importaciones y favorece abiertamente a los chinos en todo tipo de negocios, como los que se están barajando entre PDVSA y el grupo chino Shandong Kerui Group Holding Co. para formar una alianza para reparar y conectar unos 650 pozos en el Lago de Maracaibo, estado Zulia., lo cual, es cierto, podría incrementar la producción en 23 mil barriles diarios de crudo y 13 millones de pies cúbicos de gas, este mismo proyecto debería haberse licitado para incorporar otros países y otras empresas. En definitiva, no sucede igual con las exportaciones nacionales hacia China. ¿Será que sólo se puede exportar petróleo? Bueno, en todo caso, el énfasis es en eso, fíjense que Petróleos de Venezuela (Pdvsa) y la Corporación Nacional de Petróleos de China

(CNPC) adelantan conversaciones que, con seguridad, terminaran en la firma de un acuerdo para el procesamiento de 400 mil barriles por día de crudo de la FPO, que por el camino que va la industria venezolana, serían imposibles esos niveles de producción para ser enviados a la refinería Nanhai, ubicada en la ciudad de Jieyang, China, la cual se estima que comenzará a funcionar en diciembre de 2020. Igualmente trabajan en la firma de varios acuerdos para crear una empresa mixta que denominarían Petrochina/Pdvsa Guandong Petrochemical Company Limited; un contrato de suministro de crudo y otro que fijaría las bases normativas para la venta de productos refinados. Paralelamente, previendo sanciones del gobierno estadounidense, se adelantan conversaciones para tratar de triangular con países amigos potencialmente también sancionables, para entregar más crudo pesado a China quien le pagaría con yuanes a Irán, que a cambio dispone y entregaría a PDVSA petróleo mediano y liviano. Igualmente, los chinos han mostrado interés en participar en el proyecto del Puerto de Aguas Profundas de Araya, en el estado Sucre, que, se conectaría por un sistema de oleoductos con la Faja, tendría una capacidad de reserva de 20 millones de barriles y se utilizaría para trasportar crudo de la FPO al mercado internacional, principalmente para Asia. De cualquier manera los préstamos que otorga el gobierno asiático, para realizar las inversiones necesarias para aplicar tecnologías de recuperación secundaria y terciaria como la inyección de gas, vapor de agua y químicos que permitan extraer el petróleo depositado en los yacimientos, son cada vez más endurecidos y exigen a Venezuela, como garantía, la asignación de más reservas de hidrocarburos, para el otorgamiento de recursos destinados al aumento de la producción petrolera, debido a los serios problemas de flujo de caja, lo cual ocasiona incumplimientos de los compromisos ya adquiridos con muchos acreedores, lo cual se agrava por la falta de mantenimiento y malas condiciones de la infraestructura que ocasionan una considerable merma de la producción de la otrora y mundialmente admirada petrolera venezolana, considerada en otro tiempo, la segunda del mundo en materia de rentabilidad y primera en seguridad de sus trabajadores. Recordemos una vez más, que PDVSA producía 3,4 millones de barriles diarios y el plan era llegar 6 millones de barriles diarios y poseía, en Venezuela, el mayor conglomerado de refinación de América del sur, además de participación accionaria en 8 refinerías europeas: 4 en Alemania, 2 en Suecia y Bélgica, además de otras dos en el Reino Unido, y Citgo, 100% venezolana, en la costa Este de Estados Unidos, tenía 15.270 estaciones de servicio, abastecidas fundamentalmente con gasolina venezolana. Pero con la llegada de los socialistas al poder, con Hugo Chávez a la cabeza del régimen, se inició la destrucción de PDVSA. Un tercio de los trabajadores de la petrolera, 18.194 personas en su mayoría altamente cualificadas y con muchos con años de experiencia, fueron despedidas, dejando a la empresa sin los conocedores del negocio. La nómina fue triplicada con gente sin cualificaciones, pero seguidores y defensores del régimen. Por supuesto, la producción decayó; miles de balancines dejaron de bombear; los accidentes laborales aumentaban en número hasta convertirse en una rutina que destruía unidades de producción y refinación que ya no estaban aseguradas por falta de pago. Con Maduro en el poder y7 la mediocridad de los que o0stentan los puestos gerenciales de las empresas del estado, Venezuela no tardará en producir, si acaso, unos 350 mil barriles diarios de petróleo y las refinerías no producirán gasolina; pero tampoco hierro, aluminio, oro. Como una vez dijo Winston Churchill: "si pones a un socialista a administrar el desierto de Sahara, en cinco años ya no habrá arena". El gobierno con su constante catarata de improvisaciones y errores de tipo económico, con toda seguridad seguirá impulsando devaluaciones cada vez más profundas para tratar de enfrentar a la imposible tarea de sostener los precios y el racionamiento; incluso, para tratar de demostrarle al mercado que puede estabilizar o acabar con el mercado paralelo de divisas, cuya distancia es de 10 veces. No obstante, la realidad muestra que al régimen le está resultando difícil y hasta imposible, reducirla. Este punto es clave, porque el desfasaje entre ambas cotizaciones (oficial y paralelo) marca las expectativas que tiene el mercado respecto al valor "real" que podrían llegar a tener divisas como el dólar o el euro; de manera que cuanto mayor sea la brecha, mayores inconvenientes se generan, porque crecen las expectativas de devaluación, hasta el punto en que no quedará más remedio de ir ajustando el cambio oficial, al del mercado paralelo. En todo caso, como ya hemos afirmado, la situación no cambiará mucho el problema de fondo, el déficit fiscal seguirá creciendo y la inflación escalará a un ritmo espeluznante; las importaciones crecerán por un tiempo, mientras la miseria no alcance a todos los venezolanos y barra por completo con la producción nacional. Pero mientras este desastre ocurre, el régimen militar-socialistoide, se afanan en adquirir aviones cazas, tanques, artillería, misiles de última generación, grupos femeninos de tropas comando, paracaidistas, así como batallones de francotiradores e infantería de marina, amén de pobres milicianos que apenas pueden mantenerse en pie.

# CAPÍTULO 18
## POPULÍSMO

En esta dilapidada y convulsionada Bartoleé, al igual que Venezuela, que como hemos visto, sentido y sufrido, está caracterizada por una inflación galopante, crecimiento negativo, crisis cambiaria, devaluaciones continuas, elevada disminución de las reservas, escasez de medicinas, así como otros bienes básicos y una de las peores tasas de delincuencia del mundo. Los precios de casi todo, suben a diario y cuesta encontrar, repito, productos básicos como leche, aceite, harina, pasta de dientes, medicinas y hasta papel sanitario. La crisis es más profunda que una simple estanflación, porque existen otras necesidades no satisfechas y que repercuten a corto, mediano y largo plazo en los maestros, profesores universitarios, investigadores, estudiantes y lectores: la falta de libros, se ha vuelto crónica y ya no se publican en Bartoleé ni se importan, lo cual produce una sociedad cada vez más desactualizada que vive, piensa y planifica con instrumentos obsoletos. Una sociedad que en cierto modo está siendo condenada por los gobernantes a que su sistema educativo no sea más que una burda repetición de informaciones y conocimientos, en uso desde hace décadas y en gran medida obsoletos, mientras que, en el resto del planeta, el conocimiento, la educación y la circulación de las ideas, avanza por innovadores caminos que, de forma inevitable, cambiarán el estado de la civilización dejando atrás a los habitantes de este país, donde poco a poco el hambre y la miseria se están generalizando, donde, las luchas políticas polarizan cada vez más a la sociedad, donde existe una acelerada y devastadora escasez y donde la diáspora de la gente joven está diezmando al país; un país que alguna vez fue la envidia económica de muchos de sus vecinos y que hoy el régimen totalitario y socialistoide, la hunde en una terrible crisis que peligrosamente se está extendiendo cada vez más a través de las fronteras. Estamos claros en que todos los que hoy gobiernan no son malos; sino necesitan una reeducación. Pero intentar reeducarlos no es fácil; ni siquiera sería tomada en cuenta una proposición sobre la exigencia de una educación especial a los destinados a ocupar cargos públicos, pues tropezaremos con el derecho divino de la democracia a elegir a todos los incapaces e ignorantes que quieran. La idea de que cada persona representa un voto, tiene aspectos absurdos; pero en la práctica, conviene a los políticos, quienes aducen que mantiene a raya a unos cuantos y los malos de ambos bandos se anulan. Esa es la democracia en Bartoleé, donde se toman decisiones sin que el pueblo tenga la menor idea de lo que se trata. De manera que se ha llegado a una época en la cual la ignorancia no es una excusa cualquiera, sino que es la última de las excusas esgrimidas. Las declinaciones de su producción petrolera podrían frenar pronto, a medida que el gobierno de Bartoleé, para tratar de mitigar la agonía, otorgue mayor libertad a las compañías extranjeras de países con los que se identifica ideológicamente, que a cambio de concesiones, alianzas y aseguramiento de crudo, gustosamente otorgaran millonarios prestamos leoninos, al tiempo que, por razones de populismo y querer mantenerse en el poder, devalúen más la moneda, para tratar de reducir sustancialmente el enorme desastre que se ha venido encima, a pesar de que el financiamiento del Banco Central de Bartoleé, a su industria petrolera y las empresas públicas, ha tenido un crecimiento interanual de 64 %, situándolo en 69 mil millones de dólares, para lo cual el ente emisor ha estado "fabricando" dinero para atender los requerimientos de las industrias del Estado, lo que al final presiona cada vez más los precios que son pagados por los bartoleénses con más inflación. Particularmente la estatal petrolera, cada vez más, tiene que buscar recursos, porque más allá de sus actividades medulares y de los compromisos con los proveedores, tiene a su cargo una serie de misiones, un plan de vivienda, el área minera y los programas de "inversión" en otras empresas del Estado. Pero a pesar del estancamiento de la producción petrolera, el combustible sigue siendo prácticamente gratuito y los precios de la gasolina están congelados pero dependiendo de la zona geográfica, esos precios llegan a ser desorbitantes, porque el combustible escasea y, como una manifestación del populismo para tratar de mantener satisfecha y tranquila a la población, ha sido, y seguirá siendo necesario, importar gasolina para satisfacer su suministro al mercado interno que depende aún más del carburante importado por la paralización de la mayoría de las plantas del país asociadas a la producción del combustible. Caso similar ocurre en Venezuela, donde Pdvsa debe comprar en el exterior el 70 % (175.000 barriles diarios) de la gasolina que consumen los venezolanos. La petrolera estatal no ha corregido su inacción en los programas de mantenimiento a las refinerías locales y por ese motivo de 1,3 millones de barriles diarios de crudo de su capacidad instalada actualmente procesan 420.000 y siguen palo abajo, porque sus vetustas cafeteras de refinación no dan para más, y no porque hayan descubierto que construir o mantener refinerías es un negocio sin mucho sentido y poco provechoso, al menos dentro del mundo petrolero bartoleénse y venezolano, pues como se sabe, siempre ha existido la discusión de que si conviene o no importar combustibles cuando no se produce la cantidad de petróleo que necesitan las refinerías, entonces pierde sentido mejorar la capacidad de las refinerías. Parece lógico, pero miremos más de cerca: Muchos países no tienen petróleo propio y, sin embargo, tienen una gran capacidad de refinación: Francia, Alemania y Corea del Sur, por ejemplo, Chile, cuya producción propia no llega a los 10,000 barriles diarios y sin embargo procesan 214,000 barriles diarios de petróleo importado. Pareciera entonces que siempre sería más económico y conveniente producir petróleo que no hacerlo, ya que, cuando se produce, las empresas pagan impuesto sobre la renta y regalías, además de generar empleos. Por tanto, la diferencia entre un petróleo nacional y uno extranjero sería únicamente el costo del flete, porque el arancel para el crudo es cero. De manera que parece ser que poseer capacidad de refinación propia es importante porque es más económico transportar petróleo crudo, que los derivados ya refinados (gasolinas, diésel, naftas). Dicho de otra manera, el costo del transporte de un barril de petróleo crudo es más barato que el costo por barril de los combustibles y como dice el Departamento de Energía de EE.UU.: el costo de transporte de crudo es 50 % más barato que los combustibles y el 80 % del comercio mundial le corresponde al crudo y 20 % a los combustibles. Si un país importa combustible en lugar de crudo, eso significa que la refinería extranjera se queda con el margen de refinación, el cual es variable, pero se sitúa alrededor de los 4 a 6 dólares por barril. La realidad venezolana es que en los muelles de sus refinerías se estacionan los tanqueros que esperan un mes o más para descargar el combustible, debido a los problemas de flujo de caja de Pdvsa que le imposibilitan pagar de contado el combustible a los propietarios de los buques y por lo cual Pdvsa cancela, además, 24.000 dólares por cada día que pasa sin descargar. El atraso en la descarga afecta el suministro de gasolina a las plantas de llenado y las estaciones de servicio, especialmente las del interior del país donde se producen descomunales colas debido a los problemas de abastecimiento del combustible. Paralelamente Venezuela, por intermedio de su filial CITGO Petroleum, la unidad en Estados Unidos de la estatal venezolana PDVSA (otrora la quinta compañía de petróleo más grande del mundo), mantiene en arrendamiento, desde el año 1985, la Refinería de Curazao, en la cual procesa en promedio unos 335.000 barriles diarios y, ha venido negociando el arrendamiento de la refinería de Aruba, con capacidad para procesar unos 235.000 barriles por día, la cual se estima sea abandonada, por bajas ganancias, por su operador Valero Energy Corp. De prosperar la negociación y si se tiene la capacidad económica, CITGO la someterá a una remodelación que duraría un par de años, después de los cuales estaría en capacidad de procesar crudo extra pesado de la FPO, para convertirlo en crudo intermedio que luego será enviado a la red de refinería de CITGO en Estados Unidos, donde continuaría su transformación. El arrendamiento podría ser por unos 15 años, con opción a otros 10 años, para lo cual se estima una inversión de entre 400 y 600 millones de dólares en su reparación; dinero este que CITGO necesariamente tendría que recaudar de bancos internacionales para financiar el proyecto. Todo indica que la importación de combustible no se resolverá en el corto plazo porque todas las unidades (alquilación, destilación, reformadores de naftas e hidrodesulfuradoras) presentan problemas técnicos y de repuestos o están paradas, pese a que son indispensables para la producción de gasolina y diesel. De manera que el sector petrolero de Venezuela, el país con las mayores reservas del planeta, vive una crisis profunda provocada por la falta de inversiones y la mala gestión, una situación sin visos de mejora mientras dure el actual régimen en el poder. Y volviendo al caso de Bartoloé donde el incremento en el cada vez más deficitario gasto fiscal, ha llegado a convertir a Bartoleé en uno de los países con los peores indicadores económicos entre los países de la región, ha tenido la caída del crecimiento más severa y una de las deudas externas más grandes, ha mermado la capacidad productiva de la industria manufacturera y tiene la mayor y creciente inflación, el mayor mal económico social que un país alguno pueda experimentar, lo cual ha traído como lógica consecuencia, una estrepitosa, continua y angustiante disminución en la capacidad de compra de la población en los últimos años, empeorando las perspectivas a largo plazo de su economía, con inflaciones, como hemos recalcado, superiores a los tres dígitos, indicador éste que representa el termómetro que refleja el nivel y la capacidad de producción de las empresas que operan en el país; un indicador que, indudablemente, es manipulado por el gobierno para mostrar que los niveles son bajos. Esta manipulación es secundada por el equipo técnico del Banco Central, que atribuye la tasa de inflación a la denominada "guerra económica", haciéndose eco del argumento utilizado por el régimen, de su jefe cubano, para tratar de desvincularse de la responsabilidad de la grave crisis económica del país, atribuyéndola a operaciones de sabotaje económico emprendidas por la oposición. A esto es necesario agregarle el impacto que ocasionarían los aumentos autorizados para los salarios, el transporte público terrestre, los servicios de educación y las tarifas de electricidad y combustibles. En todo caso es una situación interesante que desde el punto de vista económico-político requiere de claros criterios, ya que si bien, en los países de la zona euro y en otros como EE.UU., el efecto de un alivio cuantitativo, como la emisión de más dinero, se emplea como una herramienta no convencional contra la inflación (baja inflación); en Bartoleé representa una situación totalmente opuesta (elevada inflación). De manera que, si bien en EE.UU. la emisión de dinero conlleva un efecto inmediato sobre todos los precios de los activos, porque se trata de economías basadas en los mercados de capital, en la zona euro es diferente, ya que su economía está basada en el canal de préstamo bancario. Teniendo en cuenta estas características en las cuales se basan esas economías, en la zona euro, para garantizar que el período de baja inflación no se extienda demasiado, tendría que acudir a cualquier herramienta incluyendo mantener sin cambios su principal tasa de interés en un mínimo y su tasa para los depósitos bancarios en cero, con la esperanza de que su economía se fortalezca, sin una ayuda adicional al mantenimiento, en alto grado, de la expansión monetaria, aspirando de esta manera salir de la zona de peligro por debajo de un 1% y situarse en 2 %. En términos coloquiales, esta estrategia se parece al estrés: algo de él es bueno, pero mucho es malo. —El Comandante Presidente Teodolindo Salpicado — afirmó un oficialista—, aseguró que la guerra económica y el desabastecimiento que se está presentando en Bartoleé, es originado por los opositores golpistas y que es necesario hacerle frente cuanto antes a este flagelo. —No, no nos digamos mentiras; el Gobierno, con su populismo y empeño en mantenerse en el poder, disparó el gasto público para impulsar el consumo y las importaciones crecieron a niveles récord, pero recuerden que los petrodólares son finitos y, en un régimen como este, serán cada vez más escasos, no tiene otra alternativa. Con el paso del tiempo y la inoperancia del gobierno, el grifo de divisas prácticamente se cierra agravando aún más la escasez general que, según mediciones del propio Banco Central, ya alcanza 28 %, la contracción de las importaciones privadas ha impedido la reposición de inventarios y los compromisos pendientes con proveedores en el exterior, hoy superan los 9 mil millones de dólares. A esta desastrosa situación hay que agregarle la no liquidación de las divisas pendientes para importar materia prima agrícola y pagar envases, empaques y otros insumos que requiere el sector agroindustrial para completar sus procesos. Ya algunos de los proveedores internacionales de insumos y materia prima han decidido detener los despachos de estos productos para sus clientes por la falta de pago, lo cual, por supuesto, limita la posibilidad de utilizar las líneas de crédito, por lo que muchos proveedores han comenzado a detener los despachos de materia prima e insumos necesarios para la producción. Pero en realidad las cifras que conocemos, muchas veces enmascaran un panorama aún más trágico, como en los rublos de alimentos básicos que traspasan el 60 % de escasez, con los agravantes de que en el 85,8 de cada 100 establecimientos no se encuentra leche completa en polvo, en el 85,3 % falta el azúcar, en el 84,2 % los aceites mezclados, en el 71,4 % la harina de maíz precocida y en el 62,3 % falta la mantequilla y así, falta azúcar, aceite y pare de contar. ¡Qué desastre! Por supuesto que la crisis económica alcanza a todos los sectores, de manera que al papel y a libros los toca por igual, pero quizás, por disminución de la demanda debido a la precaria situación financiera de los habitantes, no se vean los anaqueles de las librerías tan vacíos, como suele pasar en los supermercados, pero la ausencia de libros recién sacados al mercado y los títulos más buscados en el mundo, se hace cada vez más evidente y los libros que se consiguen en las librerías tienen precios muy elevados, debido, a su vez, a las dificultades para adquirir divisas, pues desde el año 2008, los productos editoriales no forman parte de los bienes prioritarios para recibir divisas; por ello, un solo libro sobrepasa con creces los US $ 10, cuando hace un año costaba US $ 4 y no les quede duda de que en el mediano plazo costarán unos US $ 25 y mucho más. Aparte de disminuir el suministro de divisas, el desequilibrio entre los ingresos y los gastos, en las cuentas públicas, ha obligado al Gobierno, como apuntamos, a devaluar constantemente la moneda, para obtener más bartoleéños por cada petrodivisa. Estas devaluaciones no solo impactan en los productos de consumo masivo, sino también y de forma inmediata en el costo de otros bienes y servicios como la salud, cuyos costos crecen mensualmente a razón de 7 %. Gracias a postergar el alza de los productos regulados e importar masivamente con divisas "baratas", el Gobierno trata, sin ningún resultado positivo, de lograr que el nivel de inflación no se dispare más allá del millón %, pero, esta estrategia no es sustentable ni siquiera a mediano plazo. Bancos de inversión como Barclays Capital y Bank of America pronostican que la inflación se acelerará a mayores niveles. Con estos índices políticos, macroeconómicos y financieros, parece obvio que, en un futuro no muy lejano, Bartoleé sufra un estancamiento económico, colocándose por debajo de la media regional; incluso comience a registrar las tasas más bajas de la región, similares a las de Venezuela, pero por debajo de Jamaica, en contraposición con Perú, Panamá, México y Paraguay, en primer lugar, seguidos por Bolivia, Chile, Colombia, Argentina y Brasil, tal vez en ese orden. Esos terribles resultados obedecen, y no nos cansamos de afirmar, al colapso del modelo económico establecido por el gobierno socialista desde que El Comandante y sus ineptos y corruptos acólitos asumieron el gobierno de Bartoleé. En el seno interno de la tolda política gobernante, se asegura que el Ministro de Economía es partidario de flexibilizar el rígido control de cambios, establecer un sistema que provea de divisas al sector privado para que cumpla con sus obligaciones y continúe importando y que, por su parte, el Ministro de Planificación ha visto que esta coyuntura es la oportunidad para seguir profundizando un modelo estatista que reduzca la participación del capital privado en la dotación de bienes y servicios. Un economista independiente criticó al Ministro de Planificación y comentó que: "Los bartoleénses viven en continua incertidumbre esperando a diario nuevas devaluaciones y que no saben cuánto subirán las divisas, lo cual, bajo otras circunstancias, pudieran traer efectos positivos si se transmite estabilidad y reactive las exportaciones y no se transmita a los precios; aspecto este que solo puede lograrse con un sistema político diferente al socialismo y con una sana política fiscal y monetaria que disminuya el rojo en las cuentas públicas, un problema que está en el origen del proceso inflacionario y genera movimientos especulativos. No obstante, el Ejecutivo Nacional insiste en los beneficios de su atrasado y erróneo modelo económico socialista. Pero las Memorias y Cuentas de las empresas estatales muestran estrepitosos fracasos y revelan, además, que las limitaciones que impone el modelo socialista, afectan al sector público igual que al privado, sometido a la brecha entre los costos de producción y los precios de venta de los productos. Es increíble que un gran exportador de crudo como Bartoleé, tenga semejantes distorsiones en su economía, con crecimientos de irrisorios a negativos, problemas crónicos de caja, un pasivo de más de US$ 167.000 millones que origina una restricción de divisas hacia el ya casi inexistente sector privado, que los necesita para cumplir con sus compromisos, lo cual desencadena una grave escasez de productos, al tiempo que los controles de precios y una leonina Ley del Trabajo, desalientan aún más la producción de muchos bienes dentro del país. La escasez de divisas significa que la gigante y ahora quebrada petrolera estatal no puede invertir para desarrollar su potencial, lo cual se ha visto agravado por la caída desde 3,27 millones de bpd, a menos de un tercio, en su producción de crudo, en la última década. Este aspecto tan preocupante ha acentuado la necesidad de un precio por encima de los 100 dólares, considerado como el más largo boom de elevados precios petroleros de la historia, lo cual, debido a los problemas de la economía mundial y en especial la de los países de la Unión Europea, no duraría mucho, pero hasta ahora y por ahora, han garantizado, en alguna medida, el sostenimiento del desenfrenado gasto público impulsado por el incapaz y corrupto gobierno socialista de Bartoleé, el cual sobrepasa los 229 millardos de bartoleéños.

—A mí no me preocupa esto —aseguró el Ministro de Finanzas—. No es preocupante debido a que el Ejecutivo Nacional cuenta con instrumentos financieros en los cuales están depositados los recursos excedentes, con los añadidos del endeudamiento, lamentablemente, es cierto, a altos intereses. —Pero Señor ministro, no se valla a ofender, es evidente que la economía de Bartoleé se está desacelerando bruscamente, lo que augura años difíciles para el país que necesariamente debe combatir la inflación y resolver la escasez de bienes esenciales. —Pero fíjate, nuestra economía ha registrado crecimientos. —Así es, Señor ministro, es cierto, en algunos momentos esta economía ha mostrado crecimientos, pero son demasiado tímidos, poco sanos y no sustentables, porque solamente está apoyada en las exportaciones petroleras y los altos precios que se tienen en este momento. Si la vemos en un período más largo, nos damos cuenta que desde hace varios años comenzó su desaceleración y hoy, se está produciendo una fuerte contracción en la industria manufacturera, transporte, almacenamiento, construcción y minería, debido al menor suministro de insumos básicos, como consecuencia de un "estricto" control de cambios y las trabas para acceder a las divisas necesarias, que ha originado una sequía angustiante para la economía y grandes dificultades en el acceso a las materias primas, tanto nacionales como las importadas, sumado a la contínua devaluación del tipo de cambio, a fin de obtener más moneda nacional por las petrodivisas, algo que ha venido impulsando el precio de las importaciones que se realizan con las pocas divisas que se asignan y ha disparado el dólar en el mercado paralelo y marcado las expectativas que tiene el mercado respecto al valor "real" que podrían llegar a tener las divisas extranjeras como el dólar y el euro, producto del persistente desequilibrio fiscal y financiero, cuestiones que siguen sin resolverse. El valor de la divisa paralela es el usado por los comercios como guía para establecer los costos de reposición de sus mercancías, así ellas hayan sido adquiridas con divisas preferenciales, que como sabe todo el mundo, en el 60 % de las divisas que se otorgan, existe fraude y un descarado uso discrecional por parte del gobierno. De manera que se hace necesario sincerar el tipo de cambio y esa sinceración no tendrá un impacto inflacionario importante, porque, aunque los bienes subsidiados subirían de precios, en realidad son pocos los que se importan, debido a que algunas divisas se van por empresas de maletín, corrupción y contrabando, llegando muy poco a donde se requiere. Para ese momento yo me encontraba viendo la película de Pinocho, se produjo una cadena, de esas interminables tipo Fidel Castro, donde el presidente de Bartoleé prometió, entre otras cosas prometidas y no cumplidas, que no habrá devaluación este año, y que se mantendrá la tasa de cambio oficial a 6,30 bartoleénses por dólar y aseguró una vez más que los empresarios y la oposición son los causantes de la crisis económica del país. "Se trata de una facción apátrida que quiere destruir la revolución con medios económicos", indicó el megalómano mandatario y reiteró, como en otras oportunidades, que los empresarios y la oposición llevan adelante una "guerra económica" que se expresa en desabastecimiento de productos de consumo masivo, un mercado ilegal paralelo de divisas y fijación de precios "de usura" al consumidor, todo ello con el fin de desestabilizar al gobierno. Además, acusó a los empresarios de hacer pasar hambre a Bartoleé: "A las mafias no les importa la alimentación de nuestro pueblo, por eso acaparan los productos o los venden a precios especulativos". La cadena que acababa de presenciar me hizo reflexionar sobre la expansión del gasto público y el estancamiento de los ingresos ordinarios, que cada año sigue generando un desequilibrio en las cuentas que lleva al Gobierno de Bartoleé quien ha venido acelerando la búsqueda de recursos mediante el peligroso endeudamiento, lo que ha disparado las obligaciones de la República hasta 219,1 millardos de dólares, lo cual representa 70,4 % del PIB. Lo lamentable de esta política es el endeudamiento destinado mayormente al gasto corriente, limitando las disponibilidades para la inversión real en proyectos que se traduzcan en beneficios permanentes e impulsando a la economía, a un círculo vicioso y maléfico, en el que cada vez que se expande el Estado, crece la deuda para el gasto corriente y no para impulsar áreas estratégicas. Lamentablemente pienso que el país está a las puertas de un descomunal estancamiento de la economía, con una altísima inflación, a pesar de que el gobierno esté pensando en implementar una política monetaria restrictiva sobre la evolución de la tasa de cambio y como instrumento de política antiinflacionaria, lo cual sería algo con efectos muy pasajeros. Y si llega a aumentar permanentemente el porcentaje de los depósitos y captaciones que los bancos están obligados a congelar en las cuentas del Banco Central de Bartoloé, lograrían bajar temporalmente la presión de demanda en el mercado paralelo, al restringir el crédito a la producción y el consumo, lo cual, aunada a una reducción relativa en la emisión de dinero para cubrir el déficit fiscal, contendría, repito, temporalmente el alza del tipo de cambio y ayudaría a desacelerar la inflación. En la conversación que se llevaba a cabo con el Ministro de Finanzas, otro de los presentes complementó a su colega economista: —Bartoleé está profundizando aceleradamente su crisis de balanza de pagos, como consecuencia, en los últimos años, del derroche de 700 mil millones de dólares provenientes de su ya maltrecha y caduca industria petrolera y el asfixiante cerco aplicado a las actividades del sector privado, que ha traído como consecuencia la reducción del número de empresas de 672.642 a escasas 300.000. Sus ingresos, provenientes prácticamente solo del crudo y los impuestos, son insuficientes para financiar el enorme déficit fiscal. —El descenso del precio del crudo pondría también bajo presión a Venezuela —aseguró otro y agregó: —la economía y el presupuesto de Bartoleé son todavía más dependientes de las exportaciones de petróleo a Rusia, ya que ahora, al igual que Venezuela, está hipotecando sus crudos para recibir divisas que les permitiría seguir aumentando el gasto público y alimentar su descomunal corrupción, que, al igual a Venezuela, está entre los 10 países con peor percepción, sólo superadas por Irak, Libia, Angola, Sudán del Sur, Sudán, Afganistán, Corea del Norte y Somalia. Lo más triste de esto son los precarios ingresos comprometidos en el envío a su acreedor de una parte importante de sus exportaciones como pago de deuda. Asimismo, con la abundancia de gas natural en países desde Australia y Sudáfrica hasta Brasil y Argentina y muy pronto Colombia, en los próximos años podría desarrollarse algo parecido a un mercado global de gas natural licuado, lo cual acabaría con el monopolio interno de los rusos y permitiría a los europeos comprar de otras fuentes. El ministro ya no sabía que decir, y más allá de sentirse indignado, se apenó mucho y se excusó porque tenía una reunión muy importante y la conversación quedó allí. En mi opinión esta situación ha obligado al Gobierno a recurrir reiteradamente a la emisión de dinero inorgánico para cubrir parte de sus gastos para la misma cantidad de productos, tratando inútilmente de solventar su maltrecha economía también muy agobiada por el dinero circulante que ha crecido 70 % en los últimos meses, propiciando una descomunal inflación que supera el millón %, con una proyección de miles de millones % interanual, la mayor inflación del mundo. La caída de las reservas es una de las señales de alarma. El caudal de dólares que administra el Banco Central de Bartoleé registra un descenso de 26 % y continuará descendiendo ya que para cubrir las importaciones y los pagos de deuda externa, el Banco Central utiliza la porción de las reservas que está en efectivo (66 % son barras de oro) y, tras la caída sufrida, en total solo cuenta con menos de 20 mil 753 millones de dólares, una cifra que cae y caerá constantemente y no da ninguna flexibilidad y que en todo caso solo permitiría sufragar menos de un mes de importaciones, para absorber el impacto de eventuales fluctuaciones en los ingresos ordinarios y así proteger el gasto público, garantizar los pagos de los descomunales bienes que importa, el pesado servicio de la deuda y la misión imposible de estabilizar su moneda, en oposición al "balón de oxígeno de más de 35 meses de cobertura que tiene Arabia Saudita, los 8 meses de la vecina Colombia y los 27 mil 679 millones de dólares que tiene la arruinada Argentina, una nación aún drogada por el ridículo peronismo, por quien ya "nadie llora", mientras su economía sufre recesión, desempleo, inflación, déficit fiscal, atraso cambiario, brecha del dólar blue, default, riesgo país alto, reservas en baja, y déficit energético, males estos que no van a ser fácil dejar atrás y la tiene en camino de convertirse en otra Bartoleé, de seguir caminando torpemente al compás del socialismo populista. Al mismo tiempo el ingreso de petrodivisas no crece porque Bartoleé no ha logrado, como hemos demostrado, incrementar la producción y vende barriles de crudo con descuento a países aliados como Cuba, mientras que un tipo de cambio, por ahora, artificialmente barato dispara la demanda de divisas. No obstante, es justo reconocer que Bartoleé mejoró considerablemente la recaudación fiscal y llegará el momento en que los impuestos lleguen a niveles exagerados, pero debemos estar claros y repetir hasta el fastidio que la dependencia de sus ingresos por las exportaciones petroleras es absoluta y que una parte de la solución de los problemas estructurales de esta economía está centrada en el control del descomunal gasto público con fines populistas y la descarada y elevada corrupción de sus gobernantes, hasta el punto en que la ONG alemana Transparencia Internacional, ha situado, en el Índice de Percepción de la Corrupción, a Bartoleé como el país, de los 20 que conforman América Latina, con mayor corrupción, seguido por Venezuela, Paraguay, Honduras, Nicaragua y Guatemala; mientras que la lista de los más transparentes está encabezada por Uruguay, seguida de Chile y Puerto Rico. Esta radicalización sostenida en la aplicación de políticas económicas intervencionistas y completamente erráticas, cada día genera mayor incertidumbre y por supuesto, una perspectiva negativa y un aumento en el riesgo crediticio del país; de manera que mientras no se ataquen y controlen estos aspectos en forma prioritaria, de nada servirá una buena recaudación fiscal ni elevados precios del petróleo. Viendo el desempeño y las tendencias en la economía de América Latina, su crecimiento se mantendrá lento y débil; incluso negativo y hasta en profunda recesión, durante un largo período, debido a retos políticos y macroeconómicos internos en varios países de la región, que sigue siendo particularmente vulnerable a una inevitable desaceleración mayor que la prevista y a una combinación de nuevas caídas de los precios de las commodities, fragilidades macroeconómicas y escándalos que envuelve a empresarios y funcionarios, problemas de índole típicamente política, y el desplome constante y generalizado en los precios del petróleo y la corrupción, despilfarro galopante y distorsiones de política económica y desequilibrios fiscales que generan un escenario de alarmante inestabilidad y una errada visión de sistema económico-político que generan graves problemas internos.

# CAPÍTULO 19
## GOBERNABILIDAD

"¡Se podría estar callado, ¡Callado… pero no puedo! Los grillos le han hecho callos al silencio". Andrés Eloy Blanco Entre amigos no se deja de discutir la crisis por la cual está atravesando Bartoleé. Fuentes independientes como la organización no gubernamental Observatorio Bartoleénse de Violencia, estiman que la cifra de homicidios es de 79 por cada 100.000 habitantes; una cifra solo superada por Honduras que reportó la mayor cantidad de víctimas de homicidios con 86,5 por cada 100.000 habitantes, lo cual convierte a Bartoleé en el segundo país sudamericano más violento, igualado a Venezuela con la sexta tasa de homicidios más alta de mundo sólo detrás de Honduras, El Salvador, Costa de Marfil y Jamaica, cifras superior a las registradas en México o Colombia, que tienen muchísimos más habitantes que los 30 millones de Bartoleé y Venezuela. Igualmente, esta tasa en Perú fue de 9 por cada 100.000, mientras que llegó a 2 por cada 100.000

en Chile, según el Programa de las Naciones Unidas para el Desarrollo, En el mismo orden de ideas sobre criminalidad, Ecuador es catalogado como el primer país de América Latina con mayor cantidad de víctimas de robo (El 25,43 % de la población), seguido por Perú (23,43 %), Bolivia (22,56 %), Uruguay (19,13 %), Nicaragua (10,71 %) y Panamá (5,49 %). La diferencia estriba en que en estos países no se cometen tantos homicidios al realizar un robo, como en Bartoleé y Venezuela. En base a este alarmante índice de criminalidad, la Embajada de Estados Unidos de Bartoleé, ubicada en Prudencia, decidió extremar las medidas de seguridad para sus empleados y demás ciudadanos estadounidenses que vivan o a viajen a Bartoleé, y propuso el uso de vehículos blindados para recorrer algunas zonas de la capital agobiadas por la delincuencia. Como será de delicada y peligrosa la situación, que el personal de la embajada que transite en las zonas naranjas, ubicadas en el norte y este de Prudencia entre las 8 de la noche y 6 de la mañana, deben notificar a la sede diplomática sobre la salida de su casa y de la referida zona y deben solicitar vehículos blindados para el recorrido de la zona naranja entre las 12 de la noche y 6 de la mañana y se recomienda a los ciudadanos estadounidenses salir de los establecimientos públicos de cualquier zona de la capital antes de las 2 de la mañana, agregó el documento emitido por La Embajada Norteamericana en Bartoleé. Bartoleé es un país en el cual el Ministro de Interiores ha reconocido públicamente que el 25 % de los delitos en Bartoleé son cometidos por los cuerpos policiales. Un país en el cual se asesina en las calles para despojar a un transeúnte de un reloj, una cadena, un par de zapatos, o un teléfono celular. Un país en el cual los ciudadanos se abstienen de salir de noche por miedo de quedar olorosos a formol al día siguiente, y si salen conduciendo un vehículo, hacen caso omiso de los semáforos por temor a que este sea chocado adrede como artimaña para luego ser asaltados o despojados del mismo; incluso, hasta correr el riesgo de perder la vida. Un país en el cual cada familia ha experimentado un robo, una desaparición, un secuestro, una extorsión o un asesinato. Esta lamentable, acechante, desarticulada, desmembrada y avasalladora realidad, día a día hace que los ciudadanos pierdan espacios para la libertad. Un país en el que hasta hace pocos años los extranjeros venían a quedarse en busca de paz, oportunidades y fortuna; el mismo que ahora abandonan ellos, sus hijos y sus nietos. Un país que está quedándose sin gente joven, sin talentos, sin mujeres bonitas, sin libertad ni futuro. Un país cuya moneda es devaluada constantemente. Un país, donde numerosas personas están siendo despedidas, o están abandonado sus puestos de trabajo para ejercer la peligrosa minería ilegal en empantanadas minas a cielo abierto, donde están expuestos a contraer malaria y están bajo constante amenaza por grupos armados al margen de la ley. Un país extorsionado por la delincuencia y sus gobernantes, un país que urgentemente necesita ser refundado. Seguramente esta situación ha generado que Bartoleé, al igual que otros países como Cuba y Venezuela, permanezcan reseñados en la "Lista Negra" o el denominado Capítulo Cuatro, elaborada por La Comisión Interamericana de Derechos Humanos (CIDH), en la cual se incluyen a los países que requieren un cuidado especial. La decisión de excluir o incluir a un país determinado se toma después de que el país en cuestión acepte o no, una visita "In Loco" (término con que se conocen las visitas en que participan al menos dos comisionados) de la CIDH para evaluar la situación en el terreno. De esa visita sale un informe anual y específico sobre el país. Tal como lo decidió la mente de la figura más turbia de la historia de Venezuela, Hugo Chávez, El Comandante Teodolindo Salpicado ha venido amenazando de retirar a Bartoleé de la Convención Americana de Derechos Humanos (CADH), lo cual dejaría a estos países fuera de la jurisdicción de la Corte Interamericana de Derechos Humanos (CIDH) y puede traer un "efecto dominó" entre sus aliados en la región y temporalmente, mientras los precios del petróleo aún lo permitan, polarizar organismos regionales como la Unión de Naciones Suramericanas (Unasur) y la Comunidad de Estados Latinoamericanos y Caribeños (Celac), foro en el que de lo único que no se habla explícitamente, es del pueblo cubano y de la indefensión en la que vive hace más de medio siglo y entre otras arbitrariedades, la policía política acosa y aporrea a las Damas de Blanco y a los demócratas de la oposición que se atreven a protestar por estar pasando por tiempos en extremo difíciles. Un país que es un hervidero de problemas económicos y sociales, y con un sistema de justicia social plagado de injusticias. Un país repleto de miseria y que por un tiempo fue completamente dependiente de las dádivas incondicionales de la URSS; a cambio del aprovechamiento de su situación estratégica tan próxima a EE.UU. Esta dependencia hacía que, en mayor o menor medida, en su sistema político predominara por igual el populismo, el socialismo de estado y el nacionalismo "antimperialista", pensamiento, este último, especialmente arraigado en la alienada población. Un país en el cual su economía se ve obligada a la dolarización y a la introducción progresiva de características del mercado capitalista en su economía, a través del turismo y el mercado negro, contando con unos míseros recursos y una gran desincentivación de la población que hace a las empresas estatales no rentables dado que los trabajadores no están motivados a hacerlas funcionar, empujándolos a robar al estado, para cubrir sus necesidades. Se ve muy clara la intención de Bartoleé y sus aliados, de socavar el sistema interamericano que apuesta por la libertad. La CADH es el organismo que le da base jurídica a la Corte Interamericana y a La Comisión, que a su vez son órganos autónomos de la Organización de Estados Americanos (OEA), contra la que no solo el Gobierno Bartoleé, sino que también el de Bolivia, Ecuador, Nicaragua y Venezuela, con quien El Comandante Supremo Teodolindo Salpicado anudó alianzas basadas en afinidades ideológicas y un discurso antiimperialista, apoyado por una activa diplomacia petrolera. Ellos amenazan, desde hace tiempo, con abandonar, si no se realizan cambios radicales a su antojo. Mientras que, también en la región, Chile, Colombia, México y Perú, países fundadores de la Alianza del Pacífico, son proclives a la libertad y a la defensa de las instituciones de la OEA y numerosos organismos internacionales coinciden en que una medida de esa naturaleza representaría un grave retroceso, pues entre otros males, las víctimas no podrían recurrir a la instancia. El abandono sería en detrimento de la protección de los derechos de los habitantes de aquellos países, que como Bartoleé, perderían una instancia de resguardo. Días después de las declaraciones separatistas expresadas por los líderes de Bartoleé y Venezuela, el portavoz de la Oficina de la Alta Comisionada de la ONU para los Derechos Humanos, Rupert Colville, expresó que "esa medida representa un error histórico para esos países y puede tener un efecto muy negativo en la situación de los derechos fundamentales no sólo en Bartoleé y Venezuela, sino también en el resto de la región, pues la Convención, apoyada en la Corte y la Comisión, tiene un papel crucial en el fomento a la protección de esos derechos en todo el continente, aparte de que refuerza los estándares internacionales en la materia". Por otro lado, la Federación Internacional de Derechos Humanos, (FIDH), señaló en un comunicado, su inquietud por las consecuencias de una decisión de ese tipo, pues considera, al igual que la ONU, que "la medida constituye un error histórico que afectará a las víctimas y a las organizaciones que las representan. Esta decisión representa un grave retroceso en el derecho a la justicia, en la medida en que las víctimas de graves violaciones de los derechos humanos cometidos en esos países y las organizaciones que las representan ya no podrán recurrir a la Corte Interamericana de Derechos Humanos cuando se agoten las vías de recurso interno" y denunció que ello sería "un error histórico y un atentado a los derechos de las víctimas de violaciones de los derechos humanos", a la par que advirtió que "ello establecería un grave precedente en la región". Una representante del gobierno de Bartoleé mencionó que la eventual salida de su país de la Corte Interamericana de los Derechos Humanos se debe a que desde ese organismo no se le ha dado "objetividad" a las denuncias formuladas por el Gobierno. "No han sido trabajadas con el rigor que debería tener un mecanismo regional de protección de los derechos humanos" y aseguró que existe "un juego internacional de ataque contra nuestro país, desde que Bartoleé decidió hacer las cosas con el concurso del pueblo y en el ejercicio de la soberanía".

# CAPÍTULO 20
## LA REVOLUCIÓN A MILLON

<< ¿Qué le pasó a Bartoleé? >> —con reservas dolorosas se preguntaba Pedro Pablo, que, sin encontrar una respuesta fácil, a solas se hacía eco de las opiniones de los pocos amigos opositores al gobierno con los que medio a escondidas todavía compartía. Creían que muchos factores negativos influían en su acelerado deterioro, en su mayoría de índole política y administrativa, que han venido encargándose de dar al traste con sus inmensos recursos de materias primas y ventajas comparativas. Incluso algunos pensaban, y con acierto, que ya no importaban, tanto como antes, los recursos naturales, sino que lo más relevante es cuánto saber se les inyecta a esos recursos y los más lúcidos aseguraban que no había ningún país desarrollado que no haya apostado, o no esté apostando, a la economía del conocimiento. Otros se atrevían a asegurar que el gobierno debería hablar con la claridad, la lógica, la moral y la ética que esta crisis amerita y tratar de conseguir el

apoyo para solucionarla. Pero esto no se logrará en tanto El Comandante y sus acólitos sigan deshumanizados, mientras no "bajen" de la torre en que se encuentran, de su ego, mientras no entiendan la falsedad de su supuesta superioridad ideológica. Que entiendan, más bien, que con humildad, participación e inclusión deben "elevarse" al nivel de su pueblo para comprenderlo, para amarlo, para entender más a cabalidad el sentido de patria y nación, para ser solidarios, fraternos y mejores ciudadanos. Bartoleé fue una Capitanía General, nunca un Virreinato. Casi siempre fue gobernada por autócratas militares no preparados para conducir una nación; pero hoy sólo ellos están convencidos de poder hacerlo. Ha sufrido muchos años de militarismo, dictadura, corrupción, clientelismo, populismo, impunidad y permisividad, agravados actualmente con el desmontaje del aparato productivo, que para sostener el tremendo derrumbe, se emplea a diestra y siniestra un sin número de subsidios, bonos y otros programas populistas como las denominadas misiones, que no son más que otras oportunidades para acrecentar la corrupción, sumado, por supuesto, a la proliferación de ineficientes e ineficaces funciones y redes paralelas a las que existían en materia de vivienda, educación, salud, producción y venta de alimentos, acrecentando el rol del estado como empleador y recrudeciendo el paupérrimo aprovechamiento de los cada vez menos ingresos petroleros y la siembra de una trasnochada ideología política que no ha dado resultados positivos en ninguna parte del mundo, ni en ninguna época, para saldar las grandes deudas sociales que arrastran las naciones como consecuencia del continuo y generalizado despilfarro y exclusión social. En los pocos años de democracia se fue afianzando el capitalismo de estado, ahora llamado "Socialismo Para Los Siglos Futuros", caracterizado por una fuerte centralización administrativa y el blindaje otorgado a la continuidad de "la revolución" por la descarada subordinación del Poder Judicial y los demás poderes convertidos en una vasta corte de focas palaciegas controlada por el Poder Ejecutivo, gobierno que con su poder desmesurado, amparado en leyes diseñadas para tal fin, aceitando la maquinaria reeleccionista y potenciando la amalgama Estado-partido y gobierno cívico-militar, para utilizar descaradamente las instituciones y los recursos públicos y asegurar la permanencia en el poder y aniquilar a sus opositores. El gobierno-partido cívico-militar, solo aprueba "inversiones" y recursos económicos si se ajustan estrictamente al plan fundamentalmente político, denominado "Plan Socialista Nacional", que terminará por liquidar la República civil dejándola en manos de gente que no tiene talento ni carisma, pero utiliza las organizaciones militares y su lenguaje y difícilmente, un cambio de gobierno proveniente de la misma tolda política, dé marcha atrás, ya que de inmediato sería interpretada como una capitulación frente a los enemigos históricos del socialismo y el militarismo. Recordaba las opiniones de uno de sus amigos que consideraba que los gobernantes endulzan el supuesto socialismo llamándolo libertad y actúan a sus anchas cuales dueños del petróleo, el hierro, el aluminio, la electricidad, los medios informativos, las universidades, los hipódromos, las tierras y lo que es peor: el futuro de los bartoleénses. Sumado a esto, la descomunal corrupción y el torpe e inapropiado manejo de los recursos; el financiamiento de elecciones completamente amañadas, las cuales se caracterizan por sus delitos de intervención gubernamental, corrupción, constreñimiento a los sufragantes y fraude en la emisión de los documentos de identidad, a todos los niveles, tanto nacionales como en los países vecinos; el apoyo a gobiernos afines y parasitarios como el de Bolivia, Cuba, y Nicaragua; y la promoción de estrechas relaciones comerciales y culturales con países totalitarios como Bielorrusia, Corea del Norte, China, Irán, Rusia, Siria y Turquía. Es innegable que como resultado de más de una década continua en el poder por parte de El Comandante Teodolindo Salpicado y sus acólitos, Bartoleé ha vivido un paulatino y profundo deterioro en todo sentido, caracterizado por alta dosis de represión selectiva por parte del régimen que busca, con medidas autocráticas y mecanismos de represión, la respuesta a sus problemas de debilidad, aunados a las presiones provenientes de sus sectores internos de línea más dura que exigen al gobierno el control absoluto de la economía y un paulatino proceso de desmantelamiento de la industria privada, hasta el punto en que Bartoleé ha pasado de ser uno de los países petroleros con mayores ingresos por habitante a ser hoy un país en el que sus ciudadanos básicamente viven de las migajas que el gobierno les da, especialmente a sus partidarios, con los escasos recursos del estado.

Teodolindo Salpicado, otrora símbolo carismático de eso que llamaron "Revolución", simboliza la triste figura de quien fue capaz de destruir a una nación, en su afán por permanecer en el poder y dar rienda suelta a su resentimiento social.

Bartoleé era un país maravilloso que ahora va de mal a peor. Era la envidia de América Latina por sus riquezas naturales, por su democracia, por su recurso humano, pero ahora es un territorio de calamidad, la tierra de megabandas, carteles de la droga, paramilitares, colectivos, pranes, núcleos del terrorismo y las fuerzas militares socialistoides extranjeras que se funden con la nacional.

No obstante, debemos estar claros que el empobrecimiento de una población no produce de forma automática cambios democráticos y que en el mundo globalizado en el que vivimos es importante e indispensable, la denuncia en el plano internacional, pero no puede pensarse en que la comunidad internacional irá a Bartoleé a enmendar los entuertos. Pedro Pablo desvariaba hasta el punto de creer que contrariamente a lo que pronto dirá la historia, hoy no se ha querido reconocer que a Su Excelencia Comandante Presidente Teodolindo Salpicado, el pueblo bartoleénse le pidió sacrificarse como presidente eternamente reelegible, lo cual aceptó; como también aceptaron en su oportunidad y en sus respectivos países, las exigencias de sus pueblos: (A manera de ejemplo sólo citaré unos de los 40 sacrificados por su pueblo. Ya excluimos al cadáver Fidel Castro y al egipcio Muhammad Ḥusnī conocido), محمد حسنى سيد مبارك (Mubārak Sayyid comúnmente como Hosni Mubarak, quien al igual que el libio Muamar Muhammad Abu-minyar el Gadafi القف ذ يماف ي معرزم ,(son historia. El sudanés Omar Hasan Ahmad alBashir, el bielorruso Aleksandr Grigórievich Lukashenko, el venezolano Hugo Rafael Chávez Frías, el yemení Ali Abdullah Saleh y el sanguinario pisa pasito sirio Bashar Al-

Assad (بشار الاسد) (apuntalado por los chinos y los rusos interesados en el petróleo existente en los yacimientos de las provincias nororientales de Al Hasaka, Deir al Zur y Al Raqa. No se puede dejar de lado al Rey de Bahrein Hamad bin Isa al-Jalifa, ni al norcoreano Kim Jong il (ﻭ⍰ ,(que está más muerto que vivo y con seguridad, como sucedió con él mismo, traspasará por herencia el poder de Corea del Norte a su cuarto y último hijo Kim Jong-un (ﻭ⍰ ,(que en varias oportunidades se ha declarado enemigo acérrimo de occidente, especialmente de los EE.UU. y asegura que acelerará pruebas con nuevos y mejorados misiles y sistemas de lanzamiento, además de con bombas atómicas más potentes. Pese a su influencia en Corea del Norte, ya que se trata de uno de los pocos interlocutores internacionales con peso para hacerse oír, Pekín ha continuado sin cambios su política respecto al régimen norcoreano, lo que ha contribuido a la irritación de Washington. Tampoco se debe olvidar al saudita Abdalá bin un de rey), عبد الله بن عبد العزيز (السعود) Saud-al Abdelaziz país donde no hay Carta Democrática y cualquier intento de promover algún rasgo que sutilmente sugiera algo parecido a la democracia es considerado un crimen de violencia contra el Estado y, sus promotores, castigados con cadena perpetua o sentencias de muerte por lapidación y crucifixión en espacios públicos, y degollamiento, el método más común de ejecución. Las reuniones públicas están prohibidas, y quienes las realicen son arrestados y enjuiciados por incitación contra las autoridades públicas. Las mujeres son tratadas como menores de edad. Tienen terminantemente prohibido conducir vehículos, y requieren ser supervisadas las 24 horas del día por un sistema de vigilancia que le otorga al hombre el poder protector de aprobar permisos de viaje, trabajo y ausencia del hogar. Las minorías chiitas son también discriminadas incluso desde el Estado cuando restringen su acceso a servicios gubernamentales esenciales para todo ciudadano. No obstante —continuaba Pedro Pablo—, el descomunal esfuerzo y sacrificio de El Padre, El Nuevo Libertador, El Eterno Comandante, al que toda Bartoleé, incluso me atrevería a decir que toda Latinoamérica debería demostrar su gratitud; repito, no obstante, los escuálidos y acérrimos opositores lo acusan injustamente de promover un fuerte rechazo a la propiedad privada y atacar la inversión extranjera. El Comandante lo que ha hecho, con toda razón y muy acertadamente, es definir la inversión estadounidense con el remoquete de capital imperial promovido y apadrinado por oligarcas criollos en quienes, según el propio Comandante Presidente, reside el gen asesino culpable de la desaparición del Libertador Sebastián Bartolomé; de la misma manera como supuestamente los oligarcas venezolanos, confabulados con los godos colombianos, asesinaron al Libertador venezolano Simón Bolívar, como ha sido pretendido demostrarse en la investigación ordenada por el presidente venezolano Comandante Hugo Rafael Chávez Frías y cuyo mensaje se pretende diseminar por medio de una película que se llamaría "El Libertador", en la cual Venezuela gastaría 20 millones de dólares y España algo más. A medida que Pedro Pablo recapacitaba sobre los logros siempre futuros, pero proyectados, de El Comandante, su rostro se iba iluminando y sus ojos resaltaban brillantes y llorosos, embargados por una infinita y sincera emoción y fanática devoción.

—Al gobierno de Bartoleé —continuó Pedro Pablo—, lo acusan injustamente de que "dizque" acosa a la Iglesia. Ellos dicen que El Comandante se opuso al nombramiento del cardenal propuesto por Su Santidad y en su lugar trató de imponer al Obispo de San Jerónimo, pero finalmente convinieron en el otro de la terna, un Obispo del centro, que aun cuando no tiene mayores méritos intelectuales, para su martirio, les ha resultado respondón. El cinismo de los opositores llega al extremo de asegurar que también se acosa a las universidades y sus estamentos, los partidos políticos opositores, así como a las pocas gobernaciones y alcaldías que aún quedan contrarias a su ideología; aspectos que, aseguran los mal intencionados oligarcas, están dirigidos cuidadosamente a entronizar dogmas, crear verdades, moldear criterios y transformar al pueblo en un hatajo de burros serviles y mansos que a la par van mermando la economía, el empleo formal y negando oportunidades a los bartoleénses y, sobre todo, a los millones de jóvenes que anualmente esperan su ingreso al mercado laboral, así como a las clases más desposeídas, en nombre de quienes se dice gobernar y a los que solo les ha quedado el refugio de la buhonería, los albergues, la misericordia y la creciente diáspora. —Mira Pedro Pablo, algo si es cierto, porque el Instituto Nacional de Estadística de Bartoleé, recientemente presentó un informe sobre la fuerza de trabajo y colocan a la población económicamente activa en 13,7 millones, indicando que la tasa de desempleo se sitúo en 7,9 % y el número de desocupados alcanza los 1,08 millones y la cifra de empleadores presentó una caída de 34.572 patronos al año. Sumado al hecho de que en la economía informal se desempeñan 7,6 millones de personas que representan el 60,2 % de la población ocupada. Sinceramente, este estado de cosas está produciendo en las personas preocupación por su futuro. Acusan grandes dificultades para llegar a fin de mes, la incertidumbre laboral y hasta la inseguridad que se sufre en todo el país, son el caldo de cultivo. El estado de incertidumbre ya

manifiesta un alto grado de intolerancia a los contextos o situaciones inciertas para confrontar con situaciones problemáticas y tratar de prevenirlas. El trabajo, y sobre todo el trabajo de calidad, genera alta preocupación debido al miserable salario y a su cada vez más precaria oferta que antes rondaban para los mayores de 40 años, pero ahora tenemos casos de 25 y 30 años con este perfil. Son personas calificadas y profesionales de corta edad que ya empiezan a sufrir los efectos de la preocupación excesiva. Sin embargo, la culpa o responsabilidad no es de las empresas, todos están conscientes de que el desajuste proviene del sistema político que han impuesto en Bartoleé lo cual a su vez está generando un éxodo descomunal de un significativo grupo de ciudadanos y particularmente de aquellos más autoexigentes, cuya preparación académica suele ser más alta y demandada en otros países. Pedro Pablo hizo una mueca con la boca, expresando desacuerdo e incredulidad con las opiniones que escuchaba y, sin querer polemizar, simuló no prestarles mucha atención a las cifras y continuó con sus opiniones:
—"Los apátridas" opositores, y acá si podría estar de acuerdo con ellos, sostienen, que a consecuencia de la Segunda Guerra Mundial y la Guerra Civil Española, la inmigración selectiva que otrora vino de Alemania, España e Italia y otros

países europeos, con su cultura y pericias en mecánica, carpintería, ebanistería, construcción y agricultura, fue reemplazada por una inmigración descontrolada de indocumentados, analfabetas, incultos, malandros, aventureros, feos, enfermizos, sidosos, sin pericias ni oficios e indigentes, quienes con su prole ya constituyen casi el 70 % de la población de Bartoleé y todos son demandantes de servicios que, al reproducirse en el territorio nacional, han dado origen al nuevo bartoleénse, también enfermizo, refeo, mal educado, mal intencionado, ladrón, asesino; en fin, sin una buena herencia cultural, pero con tantos derechos a elegir y ser elegidos, como nosotros, los bartoleénses de bien. Este estado de cosas me lleva a recordar un chiste que me echó mi amigo colombiano compañero en la Universidad de América, Rafael López Pulecio, y que viene a resumir esta calamidad: Un gringo se levanta de la cama, va a la nevera, saca dos huevos y se prepara un desayuno, toma jugo de naranja y se va a trabajar. Un francés se levanta, va a la nevera, saca dos huevos, se los come con pan, toma jugo de naranja y se va a trabajar. Un colombiano se levanta, va a la nevera, sólo tiene agua, se bebe un vaso, se rasca los huevos y vuelve a acostarse porque no tiene trabajo. Un bartoleénse se levanta de la cama, abre la nevera, no tiene electricidad, no tiene agua y no tiene huevos... para sacar al hijueputa gobernante. Y para completar, algo que me copiaron por las redes sociales: "Viva la mujer Bartoleénse" *Sin grasa porque no hay aceite. *Sin diabetes porque no hay azúcar. *Sin carbohidratos, porque no hay harina. *Sin calcio porque no hay leche. *Sin celulitis, porque no hay pollo. *Sin estrías, porque no hay mantequilla; y de paso virgen, porque no hay huevos...

# CAPÍTULO 21

## EL COMISARIO

Pedro Pablo y Fermín, fieles a su ruta prevista, ya se encontraban cerca del centro de la ciudad. Por fin, poco antes de las ocho de la mañana, llegaron a la parroquia Parque Camacaro. La ciudad brillaba. Estaba en ebullición. La zona tenía un aspecto sorprendentemente decadente. Se oían las sirenas de las ambulancias y la de los vehículos policiales. No les fue fácil estacionar el vehículo. En esos lugares tan céntricos y concurridos se hace necesario conseguir un espacio en la calle para aparcar los vehículos, debido a la escasez de estacionamientos; incluso, en Bartoleé no existen parquímetros. Les fue necesario aceptar la oferta de un muchacho quien se ofreció a cuidar el vehículo a cambio de una propina, lo cual se ha constituido en una fuente de ingreso para muchos de los desempleados. Con la cabeza baja y la vista fija en el suelo, caminaron unas cuadras por el pandemonio de las nuevas calles de Prudencia, y aunque en sus pocas visitas a Prudencia había visto muy poco de la ciudad, Pedro Pablo tuvo la impresión del desmejoramiento: los brocales y las aceras rotas y llenas de basura acumulada por varios días, con excrementos caninos y humanos por doquier. A su paso observaron tumultos de indigentes andrajosos, muchos aun durmiendo en las esquinas, en los quicios de las puertas, en los zaguanes, cobijados con cartones para resguardarse del frio que arreciaba en diciembre; olorosos a meados y junto a ellos, acompañándolos fielmente, unos perros adormecidos, sarnosos y pulguientos. Botellas vacías de ron y aguardiente barato, prueba de la borrachera del día y la noche anterior. Se cruzaron con gente sin rostro, apresurada, desplazándose de un lado para otro, entrando a edificios y comercios, llevando los niños al colegio: bartoleénses que aún tienen la fortuna de contar con un empleo para lo cual deben levantarse antes del amanecer y hacer una cola de al menos tres horas para tomar uno de los tantos destartalados transportes que los ha de conducir cerca de su sitio de trabajo. Cruzaron la plazoleta donde una bandada de palomas madrugadoras que picoteaban basuras, les abría paso sin levantar vuelo esperando algunas migajas, los pordioseros rogaban una limosna, los buhoneros ofrecían sus mercancías y las empanadas impregnaban el ambiente con olor a fritanga. Una cantidad de vehículos policiales ocupaban las calles. La mayoría de ellos sin placas y por sus neumáticos desinflados, algunos parecían llevar varios años en el mismo sitio. Finalmente llegaron al viejo edificio sede de la GIP frente a cuál percibieron mucha gente; seguramente personas, más que todo mujeres, en espera de respuesta sobre la suerte de sus familiares detenidos o, denunciantes de los delitos "denunciables" de los cuales habían sido víctima la noche anterior. Una vez dentro del edificio, un funcionario de mediana edad, de figura imponente, cabello gris cortado bastante ralo tipo cepillo, de expresión rapaz, ojos azules penetrantes y mirada escudriñadora, de pie, detrás de una barra-mostrador situada en el centro del pasillo de entrada, los recibió y preguntó en que podía ayudarles. —Tenemos una cita con el comisario Colmenares Zambrano —se adelantó a contestar Pedro Pablo. —Esperen un momento, por favor, avisaré al comisario Colmenares que ustedes están aquí. El funcionario tomó el auricular del teléfono que tenía a su lado y marcó los números correspondientes al teléfono de la oficina del comisario Colmenares. —Comisario: aquí se encuentran dos personas interesadas en hablar con usted. Dicen haber acordado, para hoy a esta hora, una cita con usted. También dicen llamarse Pedro Pablo Casanueva y Fermín Fernández Ramírez. Una vez confirmada la cita, los hizo pasar a un lado donde un par de detectives estaban en sus escritorios frente a un escáner que franqueaba la entrada. El detector tenía pinta de estar fuera de servicio, pero seguía allí seguramente para intimidar y hasta evitar, con algún éxito, que los visitantes introdujeran armas y otros artefactos prohibidos, como cámaras y grabadoras. Ridículamente se podía entrar con teléfonos celulares y tabletas, casi todos provistos ya de potentes cámaras fotográficas y grabadoras de sonido y video. Los dos detectives lucían ocupados haciendo llamadas y seguramente revisando detalles de casos en curso. Uno de ellos, gordo y coco pelado, levantó la cara y le pidió a cada uno la identificación respectiva. Anotó sus datos en un libro y les otorgó una especie de carnet de identificación, así como instrucciones de colocárselo en un lugar visible sobre la camisa y usarlo durante su permanencia dentro del edificio. —Pasen, manténganse en la planta baja, a la izquierda hasta el final del pasillo donde encontraran la oficina 1- 17. Allí los recibirá el comisario —les indicó el funcionario, señalándoles el camino con su mano derecha extendida. —Gracias por su ayuda —cortésmente acotó Pedro Pablo. —Por nada, para eso estamos. Ese también es nuestro trabajo. No les fue difícil encontrar la oficina. Usando los nudillos, Pedro Pablo llamó a la puerta y sin esperar respuesta entró a la oficina del comisario Colmenares, convencido de recibir esperanzadoras noticias, pero al mismo tiempo temiendo un interrogatorio que lo hiciera sentirse culpable. Esa es una idea ya arraigada, formada por los interrogatorios que vemos en las películas policiales. Al verlos, el comisario se levantó de su sillón en señal de cortesía. — ¿Cómo está comisario? —preguntó Pedro Pablo a manera de saludo. Le tendió la mano y se la estrechó tras echar un breve vistazo a la impersonal oficina sin ventanas, evidentemente diseñado para guardar absoluta reserva y seguridad. —Agradezco su amabilidad en recibirnos. El comisario Colmenares era un hombre de unos cincuenta y tantos años, bajo, como de un metro sesenta, tez morena y marcada con cicatrices probablemente originadas por espinillas reventadas a temprana edad. Cabello corto y muy ondulado. En él resaltaban prominentes rasgos fenotípicos de antepasados negros, característicos de gran parte de la población nortecostera bartoleénse. Vestía como un "doctorcito": zapatos marrones con sus puntas levantadas, pantalón igualmente marrón, camisa verde a cuadros, corbata verde oscuro, corta y con nudo grueso de doble vuelta. En esta ocasión el comisario complementaba su atuendo usando Chaqueta a cuadros del tipo popularizado por el ya desaparecido expresidente venezolano Carlos Andrés Pérez Rodríguez. Sobre la solapa de su chaqueta brillaba un pequeño broche dorado en el cual podían leerse las iniciales GIP. Sus uñas lucían impecables y cuidadosamente laqueadas. Sus ojos eran marrones vidriosos como acusadores de hepatitis; sin embargo, tenía una mirada inteligente y una sonrisa serena y afable. Oloroso a cigarrillo, licor del día anterior y colonia barata, aunque su aliento tenía momentos agradecibles de "listerine". — ¿Le molesta si fumo? —No, no; desde luego que no. El comisario extrajo un cigarrillo y lo llevo a los labios; acercó el encendedor y trató repetidamente de hacerlo funcionar hasta que finalmente se produjo la chispa que lo encendió. Le dio una profunda aspirada mientras, debido a su bien arraigada costumbre policial, examinaba visualmente la vestimenta de Pedro Pablo: pantalón de caqui beige, camisa color naranja y zapatos de cuero marrones. No llevaba chaqueta. Notó sus pulseras con agregados como de "espanta brujas" y el grueso cordón de cofradía, color morado, colgando del cuello (un regalo recibido de su amigo Fortunato Calatrava, traído de España hacia un par de años y usado por él de vez en cuando). Pedro Pablo no le paraba a lo nuevo, no tenía ni idea de lo que estaba de moda, no era sibarita, no conocía de restaurantes, galerías de arte, exposiciones, espectáculos, clubes y mucho menos de libros. Era un provinciano inculto y en la provincia la llevaba por dentro. De esa manera se sentía más seguro, le agradaba ser conocido y era muy mal oyente pero capaz de hacer cualquier cosa para ser oído. Diariamente se iba a la cama muy temprano y era monocuco ya que solo copulaba con su amiga Julia.

—Te presento a mi yerno Fermín. Me hice acompañar por él, ya sabe usted, debido a la inconveniencia de andar sólo en Prudencia, sobre todo para las personas que, como yo, no estamos acostumbrados a ella. El Comisario Colmenares clavó una mirada impenetrable y oscura en Fermín quien furtivamente evitó su mirada. Lo examinó de arriba abajo y percibió en él los marcados rasgos de españoles sureños heredados de sus antepasados: moreno isleño, de mediana estatura y pelo largo ondulado. Tenía ciertos ademanes de gay. Vestía con aire despreocupado: "blue jeans" marca Zara ajustados al cuerpo, franela Lacoste color negra, también ajustada. Zapatos mocasines marrones marca Timberland, reloj Casio tipo explorador y pulseras, algunas de metal, pero casi todas de cueritos retorcidos, parecidas a las que usaba su suegro. De su cuello colgaba una llamativa y sobresaliente cadena de oro tipo guaya que le hizo pensar al comisario Colmenares sobre lo efímero de su uso en estos lugares. Su pelo aún húmedo y algo engominado, hacía suponer que estaba recién bañado. El comisario Colmenares ofreció disculpas a Pedro Pablo Casanueva por haberlo hecho venir desde San Jerónimo y de seguidas explicó la conveniencia de tratar ciertos asuntos lejos del sitio de los acontecimientos, por aquello de evitar la posible filtración de información por parte de funcionarios deshonestos involucrados. También le informó sobre la disponibilidad de recursos en la Sede Central, que cuenta con personal más idóneo para resolver, tanto los delitos de extorsión como los informáticos. Acto seguido, el comisario Colmenares Zambrano se enderezó en su sillón y con un tono firme y algo didáctico, fue directo al grano sin dilaciones: —Como le dije telefónicamente, doctor, "están de pesca", pero en este caso particular "los pescadores" conocen muy bien la laguna —expresó mirándolos a los ojos alternativamente y con mucha fijeza. <> —pensó Pedro Pablo. Fermín se sintió incómodo e intranquilo, bajo la mirada implacable del comisario y toda clase de posibilidades inundaban la imaginación de Pedro Pablo, pero cada una era menos creíble que la otra. —Se me vino inmediatamente a la mente la idea —le confesó un tiempo después a Francisco—, que este patiquín estaba pensando en algún engaño de mi parte; o, mejor dicho, seguramente sospechaba de algo así como una "auto extorsión". Mi presunción seguramente estaba motivada por los cuadros de la chaqueta del comisario la cual me recordaba la tristemente célebre expresión "auto suicidio" atribuida al expresidente venezolano Carlos

Andrés Pérez Rodríguez... ¡En fin...! No terminó la frase. No era necesario. Se entendió. El comisario Colmenares quiso tratar en forma más privada la cuestión objeto de la visita; por lo que se vio obligado a pedirle a Fermín que esperara fuera de la oficina. Pedro Pablo nuevamente recorrió visualmente la oficina del comisario, quien parecía pequeño ante el enorme escritorio forrado en "fórmica" clara detrás del cual se encontraba una especie de biblioteca de pequeñas dimensiones repleta de numerosas carpetas apiladas y que acumulaba como una docena de libros de autores ilegibles. También se encontraba un anticuado teléfono tipo CANTB y un jarrón en el cual se asomaba un grupo de flores plásticas. Detuvo su mirada en la pared situada detrás del escritorio, sobre la cual colgaban en forma de escalón jerárquico, tres afiches: uno del Comandante Presidente, otro del Ministro de Relaciones Interiores y en la posición más baja otro cuya imagen no pudo reconocer, pero sospechaba que no podía ser otro diferente al director del GIP. El escritorio estaba maniáticamente pulcro. Los lápices, creyones, marcadores y bolígrafos estaban recogidos en una cestica circular que los mantenía ordenados y a la mano. Las carpetas apilonadas a un lado, pero meticulosamente alineadas y un cuaderno de notas dispuesto para recibir nuevos apuntes. Sonaron unos golpes en la puerta y en seguida se abrió. Era un cincuentón pequeño, de aspecto inofensivo y muy miope, bastante delgado, de piel indiana y ojos hundidos. Traía en sus manos una bandeja con tres cafés. <> —pensó Pedro Pablo, quien cogió una. Lo sintió frío, cargado y azucarado. Las incómodas sillas metálicas de color gris sobre las cuales estaban sentados, se sentían muy frías a consecuencia del aire acondicionado que estaba a millón y sonaba como un carro viejo con el silenciador dañado. El BlackBerry del comisario repicaba a cada instante. —Sí, entendido, copiado —respondía el comisario y colgaba. —Si… disculpa Colmenares… le escucho—. Es lo usual y más apropiado en estos casos —asintió Pedro Pablo, refiriéndose a la conversación mediante la cual el comisario Colmenares exigió a Fermín salir de la oficina. Y a pesar de que tenía la seguridad de que le daría una sorpresa desagradable, hizo un esfuerzo extraordinario para revestirse de una apariencia de tranquilidad. Fermín al levantarse de su silla, tropezó con el escritorio y con una pata de la silla ocupada por Pedro Pablo. Aturdido y blanco como la pared, a punto de desmayo, el corazón le latía fuertemente, su respiración estaba acelerada y entrecortada y sentía el pecho oprimido como si llevara un ajustado chaleco de seguridad. Demoró unos instantes en ubicar la salida y una vez que hubo cerrado la puerta tras de sí, permaneció inmóvil por unos instantes y, con los ojos cerrados, respiró hondo, intentando sobreponerse. Sin saber por dónde ir, dedicó unos minutos en caminar de un lado a otro por el pasillo frente a la oficina del comisario Colmenares hasta que un funcionario, después de formularle unas preguntas a modo de identificación verbal, le ordenó permanecer quieto y esperar de pie en el corredor donde, imbuido en sus pensamientos permaneció hasta la salida de Pedro Pablo de la oficina donde abrumado, con sus mandíbulas retraídas, tuvo que oír por rato largo las explicaciones y recomendaciones del comisario Colmenares. —El trabajo está hecho doctor. Por medio de la información recibida de mi jefe, se rastreó el e-mail enviado por guerrillaempresarial@hotmail.com y pudimos detectar el sitio desde el cual los delincuentes emitieron el correo electrónico. Fue enviado desde el Centro Comercial "Samir" de San Jerónimo, concretamente desde una de las oficinas que disponen para rentar a los terceros. No fue una sorpresa, ya hemos tenido noticias viejas de las irregularidades informáticas cometidas en el pasado por los dos hermanos que llevan la oficina. Irregularidades que hoy la legislación las considera delictuosas. Lamentablemente las víctimas por lo general no ejercen la acción penal que les corresponde y en el mejor de los casos terminan pactando con los victimarios. Pero caerán, es cuestión de tiempo. En el trópico, después del invierno siempre llega el verano. Finalmente, Pedro Pablo Casanueva se esforzó en dejar su mente en blanco, cruzó las manos sobre el vientre mientras en silencio fijó la mirada en El Comisario y escuchó cada vez más ensordecido las detalladas revelaciones que le hacía Colmenares. Asombrado intentó expresar su incredulidad, pero finalmente convencido de la realidad, sintió rabia y odio por tanta crueldad y sólo pudo pronunciar algunas palabras de agradecimiento.

—Gracias por su tiempo y recomendaciones —Movió la cabeza como diciendo no puede ser, y finalmente, al cabo de una pausa añadió: — ¡Cielo santo! ¡Dios de mi vida! Antes de que Pedro Pablo saliera de la oficina, el comisario, deteniéndose un momento en el umbral de la puerta añadió: —En un caso como este, lo recomendable es ser prudente. A nadie le importará la amenaza, ella no llegó a mayores, pero si se incoase un proceso judicial en su contra, perjudicaría a toda la familia —le expresó pensando en las reacciones de asombro de Pedro Pablo. Ofreció su mano y se la estrechó. —Bien, gracias de nuevo comisario... Adiós. Más tarde Pedro Pablo Casanueva reconocería ante su mujer la profesionalidad del comisario Colmenares, quien al igual que él había estudiado Derecho en la Universidad Santa Filomena, injustamente desacreditada por mucho tiempo, sobre todo debido a la señora Blanca Calatrava, para aquel entonces pareja del Presidente de La República José Luna y por tanto embestida de gran poder, de quien se aseguraba según la malas lenguas "dizque obtuvo" el título de abogado sin ni siquiera asistir un sólo día a la Universidad. No obstante, muchos profesionales del Derecho, egresados de esa Universidad, hoy en día todavía agradecen "los buenos oficios" de la señora Calatrava por haberlos colocado como funcionarios en las policías, notarías, registros y tribunales. El comisario Colmenares había terminado su pregrado en la Santa Filomena y más tarde su maestría y doctorado en Derecho Penal en la misma universidad. Ostentaba en su currículum muchos cursos de especialización, aspectos muy comunes hasta hace poco en los funcionarios del GIP, sobre todo en aquellos sobrevivientes de la antigua Policía Técnica Criminalística (PTC). Pedro Pablo le señaló a su mujer, a manera de consuelo, que "no todo se había perdido, que al igual que aquel hombre, aún quedaban personas y funcionarios honestos y bien preparados y en ese sentido, el comisario Colmenares Zambrano parecía un buen ejemplo de ello".

## CAPÍTULO 22
## INCENDIARIOS

"El ataque del hombre es súbito, y cuanto más próximo, más inesperado". Séneca El apoyo recibido por Pedro Pablo Casanueva de parte de los cuerpos policiales en Prudencia, sobre todo la manera tan cordial y profesional como lo atendió el comisario Colmenares, dista mucho del que dice haber recibido Omar Casanueva en "La Cálida", donde por muchos años fue propietario de fincas ganaderas, las cuales vendió sucumbiendo, según él, a presiones del gobierno nacional que, asesorado por los cubanos, pretendía sembrar caña de azúcar, construir un Central Azucarero y producir etanol como biocombustible para reemplazar parte de la gasolina consumida en el país. Esta última etapa del proyecto a ser ejecutada con asesoramiento y tecnología brasilera, la cual, a su vez, garantizaría el procesamiento para convertir sus residuos en fertilizantes. Estos proyectos, aseguraba Omar, como prácticamente todos los impulsados por el régimen revolucionario, nunca han sido terminados a pesar de la continua y reiterada inyección de enormes sumas de dinero que a la postre terminan alimentando la fortuna de los gobernantes, familiares y amigos no siempre de La Revolución. En otra oportunidad, Omar me contó que un amigo cercano sufrió invasiones alentadas por el gobierno, como la de "los Cañitos" en Bambalinas, alcalgueteada según Omar, por la Procuraduría del Estado, la Gendarmería Civil y el Instituto Agrario Para Las Tierras, donde lo único agradable se lo había dicho una comisaria, quien, entendiendo la impotencia de su amigo, le dijo: "Usted tan bonito y metido con estos indios, váyase, que van a matarlo". También me hizo referencia al angustioso acoso sufrido por su amigo en su finca de "La Tendida" y atribuido a supuestos guerrilleros colombianos. Me contó que en los últimos años al llegar a su finca "Caño Seco", ya fuese por intermedio del "encargado" o del jardinero, el terrible Corimodo, los supuestos guerrilleros hacían llegarle papelitos mediante los cuales le notificaban los deseos del comandante (otro comandante por supuesto, no El Comandante Presidente Teodolindo Salpicado) de sostener una reunión con él. Le reiteraban la necesidad de colaborar económicamente con la causa revolucionaria, recibiendo como contrapartida el beneficio del combate sin tregua para extinguir el robo de ganado en la región, así como la custodia de los ganaderos, familiares y sus propiedades. Fue tanto el acoso de extorsión que sufría mi amigo —decía Omar—, que ya no informaba a nadie la fecha de sus menguadas visitas a la finca. No se atrevía a encender la radio, dormía atemorizado y hasta desconfiaba de la lealtad del "encargado" y del resto de sus trabajadores. Así las cosas, su amigo, dice Omar, se fue a San Jerónimo, la capital del departamento, para poner la denuncia ante los cuerpos policiales, la cual fue oída con detenimiento, pero le informaron que debería ayudarlos con trescientos millones de bartoleéños para poder hacer el trabajo policial y garantizarle adecuada protección a él, su familia y sus bienes. La exigencia la fundamentaban en la falta de recursos presupuestarios suficientes para desempeñar eficaz y eficientemente su labor. No ha sucedido así en el caso de Pedro Pablo Casanueva a quien los cuerpos policiales no le pidieron ni un centavo sino por el contrario, actuaron profesional y diligentemente, seguramente porque estaban seguros de que era un "enchufado", o como una muestra de retribución a su loable contribución a la creación de la nueva república. Pedro Pablo era de la opinión de que los detractores de El Comandante Teodolindo Salpicado, tildaban injustamente sus discursos como del tipo comandante Fidel Castro:

alejados del anhelo del pueblo y caracterizados por largas y tediosas peroratas propagandísticas, antiimperialistas y altamente incendiarias. —Esos apátridas opositores revoltosos y desadaptados —decía—, detestaban los discursos del Comandante Presidente Teodolindo Salpicado por considerarlos racistas, cargados de mensajes sembradores de fanatismo, rabia y odio de clase, conducentes a un sin número de invasiones. Se atrevían a asegurar que se habían dado 1.780 ataques a la propiedad privada, 1.740 expropiaciones, constantes agresiones personales y hasta asesinatos. Los contrarios a la iluminada filosofía del Comandante Presidente, aduciendo que estaban hartos de "tan largos y tediosos discursos", recogieron firmas y redactaron una misiva al Rey Juan Carlos de España, y se la hicieron llegar a través de la Embajada en Prudencia. En dicha carta, según los apátridas, aseguraba Pedro Pablo, los supuestos millones de firmantes pedían su visita a Bartoleé, implorándole la misión de mandar a callar a El Comandante. Por fortuna de Dios, dice Pedro Pablo, El Rey, muy respetuoso, pero sobre todo cuidadoso como siempre, consultó al presidente del gobierno español, quien inmediatamente sostuvo una reunión con el expresidente Felipe González Márquez y Alfredo Pérez Rubalcaba, a quien él creía iba a ser el próximo presidente de España y de ninguna manera Carme Chacón

Piqueras ni a Mariano Rajoy Brey, por lo que no los consultó. Después de recibida la autorización, perdón, después de recibir la opinión de ellos, Rodríguez Zapatero, le sugirió a Su Majestad no meterse en ese conflicto, porque tanto allá como en España podrían pensar que la corona española apoya las opiniones negativas enconadas contra el gobierno constitucional de La República de Bartoleé, tanto por el expresidente José María Aznar como por el derechista Rajoy Brey, quien ya se cree ganador de las próximas elecciones y tiene toda la razón; lo será, para el bien de España, destrozada y endeudada hasta los tuétanos, por el gobierno de Rodríguez Zapatero y su partido el PSOE. Los políticos españoles consideraban que los opositores al presidente de Bartoleé decían tener fundados intereses en rechazar las recientes estatizaciones de la banca española. Entendían que la justa y natural reacción del Gobierno obedeció al incumplimiento por parte de la banca de los lineamientos emanados del Ejecutivo Nacional de Bartoleé, referentes al otorgamiento del financiamiento requerido para la construcción y dotación de los gallineros verticales, como también de los cultivos de hortalizas en los balcones y terrazas de los edificios de Bartoleé. Igualmente, el Gobierno español ha sentido poco entusiasmo en la banca española establecida en Bartoleé para colaborar con el necesario financiamiento económico de las empresas básicas productoras y distribuidoras de las tradicionales arepas y empanadas. José Luis Rodríguez Zapatero, como socialista que es, tiene una excelente opinión de El Comandante Presidente de Bartoleé y considera su gestión muy meritoria, al tratar de sacar a su país del atraso en el cual lo han sumergido los políticos de ultra derecha. Es más, le recordó a Su Majestad, El Rey Juan Carlos I de Borbón, que estaban en deuda con los de Bartoleé por el asesoramiento en la obtención de recursos económicos colocando deuda soberana países como China. En ese momento todos subieron el volumen al televisor para una intervención, en el canal estatal BTV, de Abdel Karim Jabbar, presidente de Bambarto, uno de los mayores bancos de Bartoleé: —El acceso que nos ha dado China a una financiación que ya supera en todos los tramos más de 40.000 millones de dólares, supera ampliamente las otras opciones (...) que pudiera tener la derecha (la oposición), como acudir al Fondo Monetario Internacional. No olvidemos que China es el principal músculo financiero de América Latina, por encima del Banco Mundial, Estados Unidos o el Banco Interamericano de Desarrollo (BID). —Señor Karim —interrumpió el entrevistador—, se ha afirmado que el Fondo Chino-Bartoleénse ha sido centro de atención debido a las denuncias de corrupción por presunto desfalco en el mecanismo por valor de 84 millones de dólares que llevó al Gobierno a anunciar la detención de cinco funcionarios. —Estamos hablando de un caso aislado y no estoy autorizado a hablar de esos asuntos que corresponden a la justicia; de manera que quisiera centrarme en el objeto de la invitación a este canal. Mediante esta modalidad de financiación, creada por El Comandante Presidente Teodolindo Salpicado —continuó hablando Karim—, se están desarrollando 226 proyectos de infraestructura y de crecimiento. Con el fondo —indicó—, se financian vías de comunicación, proyectos de aguas abajo, de industrialización, de suministro de materia prima, metalúrgica, de cemento, aviones, autobuses Yutong; en fin, desarrollos de un gran impacto social. —Señor Karim…. —Pensé que este canal y sus trabajadores eran nuestros aliados políticos y económicos. — (…). Gracias señor Karim por concedernos esta entrevista. Una vez terminada la entrevista, Pedro Pablo, se hincó de pie, perdón, hizo hincapié, en el hecho de que expertos laborales del gobierno de Bartoleé habían asesorado al Ministro de Trabajo español Celestino Corbacho, para mantener e impulsar el empleo en España, con los excelentes resultados que estamos viendo tanto en materia económica como en el paro, indicadores estos solo vistos en Grecia y Portugal, con los cuales se comparte la ideología política que tan buenos resultados han dado. El Rey sopesó las opiniones recibidas, movió repetidamente la cabeza de un lado a otro sin perder el equilibrio ni la cabeza y sí que menos la corona tan apetecida por el príncipe Felipe. Respondió al regreso de la competencia de veleros y de la "supervisión de cacerías", que, como presidente de la Sociedad Protectora de Animales de España, tiene que hacer anualmente, con su compañera, la princesa alemana Corinna zu Sayn-Wittgenstein. De manera que, aun cuando pensó enviar al príncipe y hasta a su "inteligentísimo y honesto" yerno, Iñaki Urdangarí, muy diplomáticamente rechazó la referida invitación de los bartoleénses.

## CAPÍTULO 23
## LOS DERECHOS

Las opiniones contrarias a la filosofía revolucionaria impulsada por El Comandante Presidente Teodolindo Salpicado, no dejaban de esgrimir que se estaban viviendo tiempos en los cuales el derecho a la comunicación libre y plural estaba siendo cercenado por una ley inconstitucional y antidemocrática sobre la Responsabilidad Social en Radio, Televisión y Medios Electrónicos. Afortunadamente hace poco la Argentina kirchnerista le otorgó a El Comandante el premio de periodismo "Rodolfo Walsh" por sus logros en la promoción de medios de información independientes y, no tardaran mucho en darle uno en Bartoleé por su extraordinario respaldo al periodismo. Es innegable que el espectro mediático bartoleénse ha cambiado para mal. El principal canal del país, cesó transmisiones luego de que Teodolindo Salpicado anunciara que no se le renovaría la cincuentenaria licencia de operación, acusando a sus directivos de haber instigado un golpe en su contra. Al año siguiente, una treintena de radios comerciales fueron cerradas, fundamentalmente aquellas que se enfrentaban al gobierno y prácticamente todas sus frecuencias fueron ocupadas por emisoras afines al régimen y, por supuesto, ninguna con estilo informativo veraz e imparcial. Y otras grandes cadenas de televisión asumieron posiciones gobiernistas, reduciendo sus espacios informativos y desincorporando a periodistas de alto perfil y no sumisos al régimen. Los pocos medios que van quedando, se han venido "autocensurando", temerosos de las potenciales sanciones, ante una clara violación del derecho a la información consagrado en la Constitución y en tratados internacionales. Como si fuese poco, no se trata solo de que los medios no desplieguen una visión que simpatice con sus opiniones, sino que el pueblo se ve constantemente bombardeado por mensajes gobiernistas y socialistoides que les llega inevitable en la forma de cadenas a las que deben plegarse obligatoriamente todas las radios y televisoras. Para los bartoleénses, Twitter y otras redes sociales, se ha convertido en una vía de escape, a pesar de que el régimen está bloqueando las informaciones que lo comprometen. En aquellos tiempos se aseguraba que la propiedad privada perdía valor; "exprópiese", según ellos era la palabra de moda en boca del Benemérito Patriarca; tiempos que han obligado a la ONG Human Rights Watch (HRW), al referirse a la situación de los derechos humanos en Bartoleé, pintando constantemente un panorama sombrío en el cual no se constatan cambios en cuanto a la acumulación de poder por parte del régimen cívico-militar y el deterioro del respeto a los derechos humanos, así como el constante "debilitamiento de los valores democráticos" que están dejando que los derechos humanos degeneren en una "situación precaria" en el país que incluye una disminución en la capacidad de los grupos defensores de los derechos humanos de poder realizar su trabajo. HRW asegura que el gobierno intimida a los opositores, condiciona las decisiones del poder judicial subordinado completamente al régimen y genera grandes restricciones a las libertades de expresión y de prensa y autocensura en los medios. Adicionalmente HRW informa que Bartoleé sigue caracterizándose por el abuso policial, las pésimas condiciones carcelarias, ubicadas entre las más violentas de América Latina y la impunidad en casos de abusos cometidos por miembros de las fuerzas de seguridad. Al igual que Venezuela, el Gobierno de Bartoleé se niega a autorizar que "expertos en derechos humanos de la ONU realicen visitas de investigación al país" y es un fuerte defensor de los regímenes totalitarios como el de Cuba, Nicaragua y Siria. Para completar la cuestión, en el reporte anual (2010) del Departamento de Estado Norteamericano, en el cual solamente se evalúa a 194 naciones de esta tierra, (no incluyen los nuevos mundos recientemente descubiertos por el gobierno) se informa que el Gobierno de Bartoleé usa su sumiso sistema judicial para intimidar y perseguir a sus críticos, incautar sus bienes y restringir la libertad de expresión a todo nivel de oposición, ya sean ONG, sindicatos, empresarios, los pocos jueces no cuadrados, periodistas o pacíficos manifestantes. Contrariamente a lo que políticamente pensaba Pedro Pablo, los opositores pregonaban que eran tiempos en los cuales el régimen impulsaba una doctrina socialistoide comprobadamente fracasada, degradante, totalitaria y destructora. Estaban claros en que el desarreglo institucional que vive Bartoleé y el deterioro al que se ha llegado por causa del despojo ético y moral que el actual régimen ha propiciado como parte de su absurdo proyecto ideológico dirigido con la mayor saña posible, o en el mejor de los casos, con la mayor ignorancia, para destruir el país mediante una praxis que cada día se agrava más y más y engrosa el vergonzoso, cínico, pasional y penoso gorilismo militar que lo sostiene. El régimen muestra una gestión con tal grado de abominación, que el atropello a los derechos humanos ya forma parte de su anecdotario "revolucionario". Esto que llaman socialismo ha elevado el nivel de desfiguración que estropeó la democracia y avanza por el camino arbitrario, autoritario, despótico, dictatorial y tiránico, que, lógica y afortunadamente, ya estaba generando a su vez, un proceso de desencantamiento, crecimiento del malestar social y descontento, dinamizado por el agravamiento de los problemas y su falta de solución, que se manifiesta en continuas protestas multitudinarias, que por supuesto, pueden no derivar en el cambio político que la sociedad aspira a lograr si la oposición no cuenta con suficiente liderazgo, unidad estratégica, uso de métodos alternativos a la simple protesta, y apoyo internacional.

# CAPÍTULO 24
## DURMIENDO CON EL ENEMIGO

Para ese momento todos los factores estaban desencadenados. Pedro Pablo ya no quería creer ni confiar. Juró nunca más acogerse tan fácilmente a la fe, a la cual, debido a su arraigadísima formación religiosa, con frecuencia acudía. No se engañaría más ni se forjaría ilusiones con familiares desleales y falsos amigos. Segundo a segundo le venían a la mente ideas contradictorias sobre lo que debía hacerse, hasta que se agudizó una lastimera rabia por negarse a hacer lo que debió hacer por recomendación del comisario Colmenares Zambrano. Pedro Pablo había pasado la noche anterior en un infierno, pero el más ardiente fue cuando el comisario Colmenares lo situó en la quinta paila y le reveló la identidad de los extorsionadores. Cayó como en trance; el comisario Colmenares pensó que aquel hombre se desplomaría. Había recibido la más cruel y dolorosa revelación. La entrevista fue rápida, pero le pareció una eternidad. Al final ya no escuchaba al comisario ni recordaba cuanto tiempo había pasado en su oficina. Para cuando pudo levantarse del asiento, los pies le temblaban, no sentía las manos y el aire se le hacía pesado. Pedro Pablo salió de aquella oficina muy traumatizado, desencajonado y pálido. Parecía un cazador exhausto en el camino de vuelta a casa cargando alternadamente con intensas dudas y sensaciones de irrealidad. Era un hombre alto, pero su estatura se veía menguada, tenía 69 años y aparentaba más. Las líneas de expresión que surcaban su rostro eran tan profundas que parecía un Shar Pei sin mama. ¿Qué pasa por la cabeza de un hombre que durante la mayor parte de su vida fue, aunque no muy dedicado trabajador, y de pronto siente y sufre que ese mundo concreto se derrumba, que bajo sus pies no hay más que terreno sísmico y que el futuro se le aparece no lleno de fantasmas, sino pleno de temibles certezas y fatalidades...? Al ver a su yerno Fermín le ordenó: "¡vámonos!". Repito, iba como perdido en el camino a su vehículo, con su rostro tempranamente marchito. Había mucha gente en todas partes; acababa de disolverse un mitin del partido de gobierno, y los que habían participado en él, inflamados por los discursos socialistoides y llenos de odio, regresaban a sus casas en actitud belicosa. No se alarmaron. No cruzaron palabras en el trayecto, pero al llegar, Pedro Pablo más rugiendo que hablando, dijo con voz fuerte y decidida: —Yo conduzco. Pedro Pablo respiró profundo introduciéndose en el vehículo y poniéndolo en marcha alejándose lentamente. Pedro Pablo golpeó repetidamente el volante del carro hasta que le dolió uno de los dedos meñiques, se orilló a un lado de la autopista y detuvo el vehículo. Propinó nuevamente otros golpes al volante hasta que le dolió el corazón (el dedo corazón por supuesto). Los cobijaba un ruido ensordecedor como el de un enjambre de abejas alborotadas, los motorizados pasaban puteándoles la madre acompañando sus groserías con cornetazos, gesticulaciones vocales y señales manuales, por obstaculizarles la vía, acciones que terminaron por obligarlo a reanudar la marcha. Ocultando sus sentimientos y su habitual desfachatez, Fermín quiso asegurarse de la causa del comportamiento de su suegro. — ¿Qué pasó suegro?, no lo veo bien. — ¡Carajo Fermín!, ¿cómo me hechas esa vaina? Fermín con el mundo sobre él, los ojos desorbitados, la lengua trabada y tartamudeando, finalmente replicó: —Maneje con cuidado suegro, no se ponga nervioso, al llegar al hotel hablamos y le explico todo, no piense nada malo de mí, maneje con cuidado, le explicaré todo, ya verá. Durante el trayecto de regreso al hotel, Fermín estaba pálido y permaneció con la cabeza gacha debido a la actitud asumida por su suegro. Suponía, por supuesto, que este había sido informado de los pormenores del asunto. Puesto al desnudo, repasaba su ya maquinada forma de actuar: << ¿Cómo responderle al viejo?, ¿Qué cuento creíble podría echarle? >>. Eran las cuestiones principales de su obra de teatro en las que tantas veces ensayó su papel. Era un estratega astuto y siniestro, con una gran capacidad inventiva y una inmensa extensión de sus recursos. Después de varias horas conduciendo en silencio por medio del alocado tráfico de Prudencia, por fin llegaron al 4C. Al bajarse en el estacionamiento, Fermín, con los ojos llorosos, se le tiró al suelo con las manos juntas en señal de bendición y súplica de perdón. —Yo los quiero mucho suegro... adoro a mi mujer... y a mis hijos. Pedro Pablo sintió asco del comportamiento tan miserable de Fermín. Pensó en patearlo, pero se contuvo considerando las consecuencias del acto. No quería dejarse dominar por ese tipo de impulsos agresivos. E1 límite de resistencia de las personas es variable. —Soy víctima de una extorsión... me amenazan con contar todo... mostrar fotos a mi familia... y publicarlas por internet...yo... — ¿De qué coño estás hablando? ¡Sinvergüenza, vagabundo! —Le gritó Pedro Pablo. En el trayecto de regreso al hotel, Fermín había tenido tiempo suficiente para perfeccionar su historia repasando cuidadosamente los mínimos detalles que tenía en su cabeza. —Me acosté con una prostituta y ahora me está extorsionando. No quiero perder a mi familia y no tengo el dinero que me piden. Mis padres no están y no tenía a quien acudir. Pensé en decirles a ustedes más adelante la verdad. Perdóneme suegro, le he hecho daño, pero más daño si destapan lo de la prostituta, ¿me entiende? Esos son errores cometidos por los hombres. Adoro a mi mujer… pero no se… ¡Pasó!, ¡Pasó!… —Confesaba lloroso Fermín en su teatral y estelar actuación—. Has podido decírmelo. Pedirme prestado el dinero, seguramente yo lo hubiese entendido y hasta te lo había dado en préstamo a bajo interés. —Se trataba de su hija, no lo hubiese comprendido. —Claro que sí, soy hombre.

—Un hombre que disfruta de los privilegios de las conexiones políticas sin compartir nada con nosotros. Ese dinero también nos pertenece, viene de las arcas nacionales, no es justo que lo tome para usted solo. Lo necesitamos ahora, no cuando mueras, cuando quizás ya estemos muy viejos para disfrutarlo.

— ¡Ah, ah! ¿Lo que quieres es mi dinero?

—No, lo que queremos es que compartas el dinero que consigues sobornando y sobre preciando; dinero que como enchufado extraes de tus corruptos negocios con el gobierno.

—Todo mi dinero ha sido fruto de mi trabajo.

—Cualquiera sabe que alrededor tuyo se mueven traficantes y testaferros, así como jueces, policías y políticos corruptos... Por supuesto, también las coloristas familias de esa cuerda de mafiosos. También sabemos de tu amiguitas y de las putas ocasionales y tu amante fija que le das estatus de segunda esposa e incluso participa en los negocios de tus "socios"...

Pedro Pablo, Ya había escuchado suficientes mentiras e insultos en su vida; es más, era consciente y partidario de las mentiras piadosas y hasta las consideraba tan valiosas como el aire que se respira; pero ese día habría preferido una más creíble... más cómoda, tranquilizadora y menos ofensiva. Estaba consciente de que la ambición no es la peor enfermedad que pueda tener una persona, pero haber sido tildado de corrupto lo consideró una idiotez, una incomprensión de las estrategias comerciales y un insulto a su "honesta y sacrificada vida al servicio del país, la familia y los amigos". Adoptó una postura tensa y cerrada. Permaneció callado durante el trayecto que separaba al estacionamiento de la puerta de la habitación y ya no quería oír más las quejumbrosas palabras de Fermín. Ninguna conducta humana necesita precedentes para ser posible, pero el recuerdo de lo sucedido no se desvanecería de su mente muy fácilmente. Se hablaba a sí mismo tratando de lograr un consuelo. De ese modo, fue descubriendo toda la escoria de bajeza humana. Su día se agrió aún más y Jamás se sintió más solo que entonces. — ¡Aja!, ¿Dime? —Preguntó Omar a Francisco, a pesar de no ser un hombre dado a pedir explicaciones de los actos de los demás, pero eso no lo eximía en esta oportunidad ya que se había quedado en expectativa aguardando noticias—. ¡No me dejes el cuento a medias! Yo no he vuelto a hablar con tu papá sobre eso. Hubo una pausa. — ¿Y bien...? —Preguntó Omar— ¿Ubicaron la oficina? —Mi papá me confesó: "Cáete de culo", fue el hijo de la gran puta del Fermín. Tras hacer esta confesión se dejó caer en el sillón, respiró normalmente, casi con beatitud y comenzó a narrarle a su tío lo sucedido, quien simuló una expresión de sorpresa por el anuncio. Desde hace mucho tiempo sabía que Fermín era capaz de vender su alma para conseguir dinero; ahora sus premoniciones y la lectura minuciosa del e-mail se lo habían hecho ver como inminente; de otra manera, bajo otras circunstancias, su revelación lo hubiese pulverizado. — ¿Entonces? —Fermín se fue para San Andrés a pasarse, con Teresa y los niños, los días de navidad. Papá y mamá también se van mañana. — ¡Qué bolas tienen!, ¿Van a compartir en San Andrés después de esto? —Mi papá no le ha dicho a nadie más lo de Fermín y va a esperar el paso de las festividades para decírselo a mamá y a mi hermano. — ¿...Y a Teresa? — Menos, tío, a pesar de que ella se daba cuenta, por su mirada vacilante, que papa tenía un comentario en la punta de la lengua y que algo estaba ocurriendo. Nunca se hubiese imaginado que se tragaba las palabras pensando en absurdas complicidades. — ¿Entonces qué van a hacer? — No sé, ese es un asunto de ellos, por supuesto nuestro también…, —tuvo un momento de desconcierto—, pero la pelota la controla mi papá. Francisco cayó desplomado en una silla. Se abandonó a algunas reflexiones sentimentales sobre la familia. Su mirada tenía un aire de derrota y vacío, un equilibrio entre una notoria desolación y un poco de ironía sobre la terrible tragedia. Le pidió a su tío guardar con absoluta discreción lo que acababa de decirle — ¡Y así fue! Fíjense que sólo me lo confesó a mí y hasta ahora es cuando lo comunico solo a mis prácticamente inexistentes amigos. Omar siempre había valorado a su sobrino por la calma que transmitía: nunca se preocupaba ni siquiera cuando las cosas estaban explotando a su alrededor. Esta vez, por el aire de seriedad y secretismo de su yerno y aún sorprendido por sus palabras, exclamó: — ¡Dormirán con el enemigo… ¿Quién lo creería?! —Pues sí tío, lamentablemente tienes toda la razón. — ¿Qué harán con él? —No esperó respuesta y agregó: —, yo, en los calzones de tu papá, enviaría a ese granuja al calabozo. Mira Francisco, no sé si recuerdas que hace unos cinco años en La Gruta, una señora fue al banco Prudencial y sacó de su cuenta como tres millones en efectivo. Al salir la asaltaron en la calle y a uno de los atracadores, que usaba un pasamontaña, lo mató la policía y al quitarle el pasamontaña, la señora lo identificó como uno de sus hijos. Los irrespetos, los abusos, las traiciones son muy peligrosas yerno, y cuando se perdonan van a más, miiijo. Acá no puede haber solidaridad, comprensión y menos aún compasión o perdón de ningún tipo, porque su actuación no consistió en un simple delito de extorsión, sino más grave aún chiiico, eso fue una amenaza física a la familia y una gran traición. Fue el asesinato de una amistad y el desprecio por el cariño que todos nosotros le hemos brindado.

# CAPÍTULO 25
## LA NOVELA

Omar quedó dándole vueltas al asunto. Más tarde se refugió en su estudio en busca de paz y sosiego, dejándose caer en un sillón, sólo, con sus pensamientos, reconstruyendo los hechos, sentimientos y acontecimientos con los cuales se derrumbaban sus más firmes creencias. Pensó en el odio de un hombre contra otro, en un odio que nace, porque sí, de los hechos más fútiles y pensó, con terror, en la capacidad del hombre para el mal, sin lograr entender la codicia que roe y pudre al ser humano. Pensó en la bajeza del comportamiento de Fermín, quien llegó hasta el extremo de cometer semejante delito contra ellos, los Casanueva, quienes le entregaron una hija y le abrieron las puertas de su amistad y la familia y entendió que en Fermín anidaban las pasiones más inmundas. Ahora, dos meses después, Omar me llamó por teléfono para invitarme a tomar un café. Nos encontramos frente a La Policlínica El Cóndor, donde hay una pastelería, como casi todas las de las ciudades bartoleénses, regentada por inmigrantes portugueses. Sentados en una mesita de la terraza, podíamos disfrutar de una excelente vista a la calle y divisar un ir y venir de personas cruzando, ya fuesen para dirigirse a la clínica, al pequeño parque o calle arriba a la iglesia de los salesianos. Allí solemos vernos con los amigos. Es un sitio apacible y tranquilo en el cual a menudo, como cualquier conversador de café, interpretábamos las recientes narrativas del país, disfrutábamos de nuestras tertulias bibliófilas, intercambiábamos ideas y nos dábamos el lujo de fantasear, a veces esperanzados. Nos decimos las cosas que suelen decirse en tales ocasiones, lo agradable que era verse de nuevo, lo que hacíamos, y como nos estaba tratando la vida; preguntas todas que se sabe no serán respondidas en el acto. Con frecuencia advertíamos la nostalgia de los tiempos pasados; pero ahora de diferente manera. Desempolvábamos recuerdos, nos preguntábamos por la suerte de los amigos comunes y recordábamos a los que ya no están.

Últimamente durante los ratos de encuentro que otrora utilizábamos en asuntos más interesantes y placenteros, terminábamos analizando la situación del país que cada día veíamos más caótica y desesperante. Antes de entrar en materia, un comerciante y amigo común se acercó a la mesa y mientras nos tomábamos un café comentó: —Los angustiados comerciantes y en especial las empresas medianas y pequeñas, las cuales constituyen la inmensa mayoría en el país, ya no están en condiciones de seguir operando a déficit y con riesgo de mayor debilitamiento. Y los consumidores, continuos afectados por esta situación, ya no aguantan seguir siendo ignorados como parte de la realidad económica. Nosotros, que somos los actores económicos fundamentales, solicitamos desesperadamente la dinamización de las decisiones gubernamentales en materia económica, para tratar de mejorar la producción, procesamiento y comercialización de bienes. Fundamentalmente pedimos mejorar la entrega de divisas para producir e importar, y sincerar los precios de las materias primas y bienes fundamentales para atender la demanda que se ha impulsado por el desenfrenado y populista gasto público. La férrea e improductiva política de controles bajo la cual venimos operando, no puede seguir siendo dejada de lado en la espera de que las soluciones aparezcan por sí solas. — Lamentablemente estás en lo cierto. Cuando se limita o se entorpece la capacidad productiva del país, se está incidiendo en la esencia y objeto de toda actividad productiva: en el consumidor. —La importación masiva de bienes que podrían producirse en el país, ha dado lugar a una expansión sin precedentes del comercio y una sensación de bienestar completamente artificial e insostenible, que encubre la destrucción de las bases de la riqueza del país, las cuales tienen como eje fundamental el desarrollo de la actividad industrial. —También existe una gran especulación por parte de los comerciantes. —No lo podemos negar. En este desorden de país se está dando de todo y los especuladores se aprovechan de la escasez para fijar los precios a su antojo. Era natural y recurrente este tipo de comentarios. La conversación con el amigo concluyó con la siguiente intervención ya algo trillada: —Pareciera que un líder político con el proverbial carisma y la fortaleza suficiente para seguir adelante con el radical proyecto socialistoide de El Comandante Teodolindo Salpicado, será difícil de encontrar; pero los analistas políticos podrían estar subestimando a los posibles sucesores, ya que el régimen tiene el control económico y el control político. De manera que las libertades individuales van a estar cada vez más restringidas y el régimen podría tomar medidas aún más dañinas para el país, aunque a corto plazo sean eficaces a ese gobierno, desde el punto de vista populista, pero no resolverán la crisis económica agravada cada vez más por la disminución del flujo de divisas necesario para el desarrollo socio-económico del país y que ha venido causando profundas distorsiones en la economía que depende en un 96

% de las divisas que se obtienen de las cada vez más menguadas exportaciones petroleras. De manera que una baja en los escasos barriles colocados en el extranjero, producto de las malas operaciones y el incumplimiento de los proyectos de expansión, que a su vez han hecho imposible el cumplimiento de las metas previstas y el desaprovechamiento de la histórica oportunidad de monetizar las reservas petroleras, originando importantes problemas para asignar las divisas requeridas para importar alimentos, medicinas; esto quiere decir que muchas vidas se pierden por el simple problema alimenticio y que muchos salvarían su existencia con solo poder conseguir los medicamentos que necesitan y, que el sector industrial podría cumplir con los compromisos financieros, si dispusiera de los insumos para la producción. Como en otras oportunidades, intercambiamos opiniones, pero concluimos que todo estaba en manos del régimen militarista, centralista y hegemónico. —Hoy más que nunca, nos encontramos ante un verdadero desafío, que implica repensar el rol del ciudadano; por un lado, el papel del político, por otro, desde un lugar diferente, desde una reflexividad crítica y a la vez, desde el compromiso social más decidido. —Así es, sabemos que no es suficiente, pero ¿Te has dado cuenta que a todo nivel este tipo de comentarios se está haciendo común? —Los ciudadanos estamos reaccionando. Este ya es un tema recurrente en toda reunión y las opiniones son similares a lo largo de Bartoleé. —Por cierto, ya que fuimos lectores entusiastas de las obras de Nietzsche quiero parafrasear algo de él, que, aunque fue escrito en otro contexto, vale la oración: (...) Su paradigma ha sido la moderación, la normalidad, comienza a surgir una visión del hombre que se estructura desde la reglamentación de la razón y en la fe de que ésta podría generar una existencia y un mundo mejor (...) —Escuché la noticia de que Teodolindo Salpicado empezó la lectura del Zaratustra. — ¡Ah carajo, vamos a ver con que nos sale ahora! El amigo se despidió y nosotros nos concentramos en lo que nos ocupaba. Omar me comentó que estuvo escribiendo una historia inspirada en hechos reales. Traía consigo el texto de la narración que dio pie a esta versión ficticia y novelada sobre la que no deseaba figurar como el autor directo. Me leyó el resumen de su narración la cual, a su criterio, podría colocarse como contracubierta de una edición impresa, si esta, algún día saliera publicada: Tejida con los hilos tenues de un discurso testimonial, *"Los Extorsionadores"*, pone en evidencia cuán relativo puede llegar a ser el peso del tiempo y el espacio en la escritura. Un hombre, un empresario y comerciante, quizás algo escéptico y su yerno, un hombre joven, muchacho encantador pero un mal ejemplo de lo que puede llegar a hacer un hombre para conseguir riqueza fácil a costa de lo que sea. Como trasfondo la Gran Ciudad con sus multitudes anónimas en decadencia, en la cual ya no es fácil encontrar "un lugar limpio, bien iluminado" y donde los personajes están irónicamente solos y extorsionados por el sistema. En *"Los Extorsionadores"* se desarrolla y aprovecha con extrema sencillez un caso basado en un hecho ficticio, donde los personajes y la estructura narrativa solo sirven de pretexto para mostrar, mediante una prosa áspera, el deterioro de un país y sus habitantes, originado por las malas políticas impulsadas por los gobernantes. Con equilibrio entre la forma y el contenido, mediante un parco y satírico, pero a la vez, un fluido estilo con el cual despliega todos los artificios técnicos y temáticos de las narraciones, para atacar a un sistema político caduco y asfixiante, mediante el manejo de los personajes y sus diálogos, con el propósito de recorrer con delicadeza, dolor e ironía, esas figuras del discurso cotidiano como gobierno, ideología, pueblo, familia, amor, amistad, recuerdos, encuentros, dinero, angustia, desesperanza, odio, rabia, mortificación, extorsión y secuestros. La sutileza con la cual se crean los climas familiares, la agudeza de las observaciones sobre las contradicciones y ambigüedades de las políticas gubernamentales y los personajes protagonistas; así como el manejo de los tiempos narrativos y el tránsito de la desesperación a la pasividad, son artificios literarios en los cuales se fundamenta en gran parte el desarrollo de este relato. El comienzo tiene la forma descriptiva de una noche de insomnio infinito que hace divagar con melancolía al empresario por su quehacer diario embargando la narración hasta el final; haciéndola legible para los bartoleénses y en especial para los habitantes de la colapsada Gran Prudencia. Una ciudad como cualquier otra capital Latinoamericana, plagada de peligros y necesidades. Una decepción presente tanto en el sueño, como en la descripción de la primera noche narrada desde el recibo del e-mail que puso en movimiento la angustia del empresario y los momentos de "tirantez sedosa" originados durante el prolongado regreso al hotel, cuando el empresario y su yerno comparten el vehículo. Momentos de extrañeza ante la gravedad de la injuria, entre la rabia y la infinita decepción".

—La veo como una obra de ficción y política donde propones una reflexión sobre ideologías y políticas equivocadas. Veo en tus escritos la imperiosa necesidad de examinar y tratar de entender una realidad, con el objetivo de impedir su repetición, la persecución, el vilipendio y la minimización de la gravedad de los delitos cometidos por los gobernantes, que, tratando de mantenerse en el poder, producen en su agonía la destrucción de la trama económica y social de un país. Eres valiente.

Tu novela, escrita en pleno régimen de corte socialistoide, se encuentra mucho más cerca del paradigma "realista" que del "alegórico", a pesar de que las condiciones impuestas son factores decisivos que crean límites condicionantes al ejercicio pleno de un modo realista; no obstante, sin duda alguna, lo hiciste posible como una tensión entre ambos modos de narración. Mediante esa obra, Omar deseaba mostrar una síntesis de la descompuesta Bartoleé de hoy y un pequeño retrato de Prudencia y de sus habitantes. Como excusa, desnudó los sentimientos, intereses y relaciones generadas por el dinero, un rival muy poderoso que los complica y determina. La inspiración le había venido de un acontecimiento en el cual los protagonistas estaban muy cercanos a él y, a pesar de que no se refería exactamente a ese caso en particular, le dificultaba desarrollar la historia narrativa y por ello deseaba mantener la impersonalidad del autor. Enfatizó nuevamente su negativa a figurar como autor. No deseaba estar metido en ella más allá de ese día, pero como el tema era interesante, sin ánimo de acuñar un género literario, quería que su amigo Carlos Eduardo Gutiérrez González terminara desarrollándolo bajo cualquier género. Él tiene el prestigio intelectual para hacerlo, no cabe duda. En sus notas quiso expresar lo que habría sentido en caso de no estar asediado por una proyección personal del problema; pero ¿acaso aquella obsesión fuese en realidad un prisma a través del cual lo viese todo con mayor claridad? No se sabe. Carlos, elegante y natural como una estrella de cine, inclinado sobre la mesa, con las manos sosteniendo su quijada, mantenía la apariencia que hacía justicia a su inteligente virtud de escuchar con atención y casi contemplativamente, sin interrumpir en ningún momento la lectura que Omar hacía del resumen. Omar le pasó el borrador de lo escrito hasta entonces. Carlos sonriendo, agradeció la advertencia que le hacía para que prestara especial atención en la captación de los mensajes implícitos e inferencias, así como en la obstinada puntuación ortográfica empleada. —*"Los Extorsionadores"* ¿Es un título pensado como para denunciar la descomposición social que estamos experimentando? —Sí, en parte es así, en el trato de mostrar al mundo las realidades de la ficción de otros, pero a su vez es el marco para introducir el tema central del relato: la extorsión por parte del sistema, con el ánimo explícito de la denuncia y el cansancio e impotencia por esa situación donde la verdad y la mentira se confunden. —Creo que tu relato se presta al menos para varias interpretaciones del objetivo perseguido, aunque considero que uno de ellos es una excusa disímil y el otro es un escándalo donde mediante sordas polémicas no tomas estrictamente en cuenta un recurso literario en particular, sino el desenfado con el cual satirizas un poco la idea de que podemos sobrevivir gracias a un alud de petrodólares que van disminuyendo día a día. —Es verdad. Cuando estás escribiendo un texto las cosas se te presentan de un modo más casero. No sé si alguien se levanta en la mañana a escribir pensando "voy a hacer hablar al silencio, iluminar lo invisible, abrir el espacio titilante de ficción y realidad para reaccionar contra el sistema". —Definitivamente veo tu narración más que una crítica a la descomposición de la familia, como un ejercicio contra la crisis de representación política que tenemos en nuestros países. —Ese relato tiene como telón una batalla casera, donde se muestra la filiación de los protagonistas primarios, simples, nada épicos, típicos de la clase media de una sociedad que aún se empeña en representar las características de una homogénea, pero decadente idiosincrasia que de una u otra forma libera su propia batalla política, sobreponiéndose a la escusa estructural y cultural propiamente dicha, antes que ella se haga explícita o tome liderazgo importante basado en la capacidad de lograr acuerdos financieros y de intercambio comercial con sus socios aliados. — Liderazgo que está dejando de existir ya que hoy ni siquiera tiene la capacidad para ejercer el liderazgo en la Unasur con el fin de impulsar los procesos de integración. Esto es consecuencia de haber administrado mal la abundancia de la riqueza petrolera. En todo caso el orden simbólico de tu narración no da cuenta explícita de cual es realmente Bartoleé. ¿Es un lugar común? —Aun si lo fuera, es una muestra de lo real. El punto de partida es el realismo, un intento de dar cuenta de lo real. Después eso puede volverse una desesperación casi barroca por no poder dar una salida inmediata y segura a las crisis por las cuales nos conducen los políticos. —Estoy de acuerdo contigo, es una desesperación por no tener una salida efectiva a corto plazo. —Algunos la encontraran. No obstante, hay un montón de personas que no van a entender nada, pero a otro eso las puede remitir a una experiencia de su propio país. Bartoleé en realidad es un lugar común y desde el punto de vista económico, político y cultural, puede llevarlo a buscar lo que realmente sería una aproximación al significado de libertad. —Ah —articuló en tono muy severo que dio a entender que se había tocado, sea como fuere, una mala nota—, ¿quién habla ahora de libertad? En todo caso pienso que la política no es una ciencia exacta, es una conspiración; tal vez lo económico lo sea más, pero me inclino por la literatura. —Se puede pensar que no hay lugar para que un texto literario transmita algo efectivamente, pero no es menos cierto que nos permite el despliegue más autónomo de la imaginación para mostrar, como en este caso, un territorio abrumado por tribulaciones de todo tipo: culturales, religiosas, morales y políticas. Tú sabes que tengo una visión un poco particular de los acontecimientos, de manera que los alegatos que esgrimo van dirigidos fundamentalmente contra los vaivenes ideológicos de los últimos años que lamentablemente parecieran aletargar a los latinoamericanos inmersos en sordas polémicas donde no se analizan las consecuencias de no intervenir en el devenir político y económico de su país. —"Doble O" —expresó Carlos —déjame la cosa a mí. — ¿En qué estás trabajando actualmente? —En un intento de hacer volar el lenguaje y la imaginación por medio de la literatura. En concreto, estoy trabajando ahora mismo en unos cuentos y en dos historias, una novela histórica, otra costumbrista medio novelada y una llena de mensajes y opiniones de escritores sobre la literatura; pero como sabes, pueden prepararse varios conejos al mismo tiempo, pero deben asarse lentamente y a bajo fuego, como los asados argentinos y uruguayos. Ciertamente, ya que aún no he desarrollado escrúpulos para seleccionar los temas de mis narraciones, pienso poderle adecuar la música "ecléctica" apropiada a la mecánica de la trama, para que suene como una novela policial, testimonial y de cualquier otro subgénero, pero manteniéndome en el aspecto temático y no en el de las estructuras. ¡Ya veremos! Me gusta el tema y con lo que me proporcionaste tengo suficiente y pronto empezaré a darle vueltas y forma. Escribir no es una cuestión de inspiración, es una cuestión de técnica y, modestia aparte, como tú sabes, yo la domino. Carlos poseía mente brillante y personalidad inesperada, amante de la literatura, el arte, el pensamiento y muy dotado para pensar la realidad con instrumentos poco convencionales, lo cual lo hacía la persona más indicada para encargarse de esta narración y, aun cuando Omar no lo sintió del todo convencido con el tema..., prosiguió: —Bien, entonces continúa desarrollando esta narración, que, conociéndote, será algo llena de denuncias y fantasías. En todo caso, es importante que los lectores no busquen en ella mi pensamiento, sino las palabras, los comentarios y los pensamientos de sus personajes, así como la yuxtaposición de esos personajes. —Confieso que la historia es interesante, ya que no la agotas en síntesis de doctrinas políticas ni niegas la realidad a expensas de lo ficticio; sino que muestras una actitud social, una sociología y una filosofía, en la que podemos encontrar sugestiones, problemas por resolver, datos, índices e indicadores, que hasta cierto punto le introduce complejidad debido al ambiguo y sinuoso lenguaje con el cual, adrede, saturas la historia con evocaciones, avances y retrocesos que multiplican o repiten argumentos donde le quitas el disfraz, algunas veces con talante humorístico, pero siempre con un buen léxico que impregna tu narración, para revelar la verdadera sustancia de la borrachera ideológica de los gobernantes. Por ello, seguramente se requiera un lector capaz de hurgar las entrañas de los engranajes que se cubren ajustadamente unos a otros y nos llevan anafóricamente a esos falsos diálogos donde fundes forma y contenido para permitirnos comprender el alcance de una política históricamente equivocada. Estoy consciente de que tu narración acarrea problemas de carácter político. Pero vamos a ver cómo lo manejamos y logremos mantener y transmitir la realidad política constreñida en palabras. Tenemos que pensar en una estrategia para poner en marcha tu ingenio narrativo, donde te esfuerzas en mostrar la cambiante naturaleza de los seres y su entorno político, manteniéndonos sujetos al tema, pero como sabes muy bien, muchas cosas legibles tendrán que ser eliminadas del texto. Pienso que es necesario tener mucho cuidado en estos tiempos. Eso es lo preocupante. Coincidimos en pensar que lo más difícil será hacerla pasar como un hecho ficticio, lo cual, aunque tenga parecido con la realidad, aseguraremos que es pura coincidencia. —Se me ocurre que lo mejor sería dejar en alguna banca de la universidad, una versión impresa en papel, acompañada de un pendrive en donde se grave la novela y le anexemos un mensaje que diga: A quien le interese puede publicar esta vaina como propia. —Tienes razón Carlos, he pensado mucho en eso y no creo que podamos lograr una buena diferenciación sobre todo en la cuestión política. Para mí, usar el nombre o escribir y ser leído a través de un personaje inventado es irrelevante. Mi nombre es tan anónimo como el seudónimo. Hay una idea medio solemne de respaldar tus opiniones con tu apellido y la verdad. Nada es tan importante, más bien todo lo contrario. Las identidades borraron sus límites y son líquidas. Se habla de CuervoTinelli como sinónimo de Marcelo Tinelli y veneramos a Banksy, aunque no nos interese saber cuál es su identidad. La identidad sigue siendo, de algún modo, el reservorio de la modernidad. La manera de enfrentar el sistema es rebelarse ante la última cárcel que queda: la identidad. Seguimos hablando y discutiendo hasta después de las seis. La tarde iba desvaneciéndose a nuestro alrededor y ya se sentía la caricia del frio. Los encuentros con Carlos siempre son afectuosos y fraternos. Disfrutamos muchísimo nuestras conversaciones y siempre que nos despedimos lo hacemos con dificultad y prometemos encontrarnos pronto otra vez. Quedamos citados para el miércoles siguiente.

## CAPÍTULO 26
## ESPERANDO UNA SALIDA

Omar y Carlos como de costumbre continuaron reuniéndose para charlar. Omar a regañadientes (mentiras de él, pues sólo miente cuando puede justificarse a sí mismo la mentira lo bastante para mirar de hito en hito a alguien) terminaba releyendo, revisando y analizando los cambios que Carlos introducía en la narración. Carlos sentía como una necesidad de hurgar hasta el fondo y descubrir algo más allá de los supuestos móviles confesados por Fermín. —Sin lugar a dudas, el sentirse alejado de la fortuna de su suegro, precipitaba sus acciones y, aducir una extorsión, lo veía como un fácil comienzo para obtener una migaja mientras esperaba algo mayor —decía Carlos. —Una extorsión puede considerarse como un móvil secundario pero válido hasta con variaciones de género. ¿El tipo no estará viviendo de eso? La extorsión por alta que sea, no es tan grave como un asesinato. Con seguridad Fermín lo sabía muy bien y por eso lo advirtió en su e-mail. —

¿Estará siendo extorsionado por un gay en lugar de una prostituta?, no creo que sea descabellado pensar en eso, ¿verdad? De cualquier manera, se le ocurrirán diferentes formas más fáciles de explicar la cuestión que por la verdadera razón. —Pues sí, es más fácil confesar a su mujer, sus suegros y más tarde a sus hijos que se trataba de una puta con la cual se acostó y no con un gay, lo cual sería muy arrecho para la familia; al menos que de verdad esté dispuesto a "salirse del closet", tan de moda en estos tiempos. —Pero no tiene mucha pinta de gay que digamos. —Sí, así es, el pelo largo y los zarcillitos ya no tipifican necesariamente a los gais. —Aun cuando tiene algunos ademanes bien marcaditos, ¿no? —Bueno, algunas personas pueden confundir como amaneramiento a la buena crianza y educación. —En el centro comercial Samir, donde tienen la oficina, circulan muchos gais y es un caldo de cultivo para los homosexuales; de manera que tu versión del móvil es interesante y podría ser válida. —Sin embargo, se trata de deducciones y no de observaciones. —Doble O, dime una cosa: ¿De qué estaba viviendo Fermín? Entiendo que su familia se fue a Chile, aprovechando el filón económico que están pasando los chilenos desde la férrea dictadura de Pinochet, lo cual, a muy alto precio, les abrió grandes oportunidades de negocios; pero Fermín se quedó acá, en Bartoleé, con su mujer y sus hijos. —Podría valerse de la extorsión como fuente de ingresos, ¿verdad? — ¿Sera que hay algo más? Otro móvil podría estar relacionado con el consumo o la distribución de drogas. —No, no lo creo, no tiene pinta de eso, no se ve consumidor — respondió pensativo Omar. —Pero puede ser distribuidor, los distribuidores pocas veces son consumidores, sobre todo aquellos que ya son medio capos. —Las deudas de drogas normalmente se cobran con la muerte, de manera que si no consigue el dinero pronto estará muerto en un ajuste de cuentas, a no ser que abandone el país. —Pero quizás esté incursionando en "el negocio" de la extorsión y otros delitos incluyendo los informáticos. Fíjate, lleva una vida de viajes, caballos, lancha, carros... en fin, una buena vida que requiere de abundantes ingresos. —...O hurtando de a poco, que a la larga es bastante, fíjate, Tamara hasta ahora ha dicho que en la casa se han venido perdiendo cosas, como una "laptop", dinero, armas y otros objetos. —Relativamente son pendejadas, pero, ¿se lo han dicho al señor Pedro Pablo? —Parece que no. —Esas vainas no deben ocultarse. —Carlos, como te he dicho, yo no querría seguir con esto, el tema se aproxima mucho a la realidad de mi actual entorno, a sus sentimientos y observación de los eventos de esa recurrente y atareada realidad; por ello te pasé los borradores. Ya no hay más información, usa tu imaginación... pingo. —Pero chico tú no lo escribes, el autor ni siquiera voy a ser yo, recuerda que lo abandonaremos en alguna banca de La Universidad y ni a ti ni a mí nos darán crédito. Pero tus informaciones estimularán mi ingenio y darán rienda suelta a las fantasías. Ese es el combustible necesario para los escritores: vivencias para transformar la realidad y escribirlas para hacer soñar a los lectores. — ¡Qué carajo de escritor! — Exclamó Omar ya un poco menos tenso, sonriente y en son de chanza. — ¿Cuál es la diferencia con García Márquez o con Vargas Llosa? —Vuelas bien alto Carlitos, a ese paso también serás Nobel y hasta Marqués como Mario Vargas Llosa. — ¡No lo dudes hermano! En realidad, Omar estaba consciente del dominio de los géneros literarios por parte de su amigo, quien, en sus ejercicios narrativos, consuetudinariamente muestra la necesidad de perfeccionamiento del lenguaje y su estructura, esforzándose en atrapar al lector, lo cual, a mi juicio, siempre ha logrado. Sus obras hacen parte de un mural de insospechadas dimensiones donde coinciden tiempos, que con frecuencia convierte en disímiles o instantáneos y los desarrolla en espacios superpuestos. No obstante, Omar no se sentía muy bien por haberle dejado las notas a Carlos y menos aún por la decisión de abandonarlas sin padres, pero su compromiso estaba con la familia, con la vida, antes que con el libro. Con la mirada perdida hacia ninguna parte, su pensamiento voló: << ¡Cuanta desgracia no poder escribir lo que querría escribir, cuanta pena no tener tiempo para releer lo que ya he leído, cuán aburrida sería mi vida cuando ya no me quedara vida y no pudiera leer parte de lo que me faltara por leer ni aquello que se escribiría después de mi vida! >> Pedro Pablo por fin en San Andrés le echó el cuento a su mujer, quizás no lo había hecho antes para no dañarle las vacaciones, seguramente creyó que iba a caer en estado de pánico de solo imaginarse el futuro de su hija. Además, considera como siempre, que por lo general las opiniones de su mujer no son de ninguna ayuda, sino que complican aún más las cosas. Esta vez le señaló exactamente lo sucedido incluyendo la conversación con el comisario Colmenares Zambrano y dejó que ella sacara sus propias conclusiones. Con los ojos humedecidos, al borde de deshacerse en lágrimas, escuchó atentamente el relato de su marido. Finalmente, doña Tamara analizó lo que estaba ocurriendo, se adentró en su ser para ahondar en su enigma, con serenidad y recogimiento, pero también para dar expresión al dolor y a la pérdida que acompañaba aquella inesperada situación. Todo se amontonó de golpe. Sollozó con un gesto de aceptación, apretó los puños y no dejó que el dolor, la ira, la impotencia, la incertidumbre y su íntimo desconcierto se apoderaran de ella. Por un momento se sintió capaz de arrollar, de derribar y triturar todo cuanto se le pusiera por delante. Sus pensamientos se fueron esfumando y sus lloros cesaron. Por unos segundos se sintió a solas consigo misma. Se incorporó y, con una voz regia y segura, en actitud de reto, le hizo entender a su marido que, si bien era tan vacilante como él, también era capaz de meter preso a Fermín. Su reacción dejó perplejo a Pedro Pablo que por lo general era agresivo con ella, dispuesto siempre a herirla, a decirle lo más duro, a establecer su crueldad sin posible retroceso. Era increíble cómo hallaba a menudo, aún en las ocasiones menos propicias, la injuria refinadamente certera, la palabra que llegaba hasta el fondo, el comentario que marcaba a fuego. No la entendía. Era siempre tan callada, tan... tan discreta. Nunca perdía los estribos. Desde luego, le gustaba salirse con la suya... ¿a quién no? Pero una salida así... era increíble... Pedro Pablo frunció el ceño y se mordió los labios, aquel hombre que jamás se había sentido atormentado por una angustia, sintió que algo vacilaba bajo sus pies. Le acobardó la serenidad con que acababa de reaccionar su mujer. A doña Tamara le pareció que de momento era conveniente mantener el asunto en "pequeño comité", sin comentarlo. Nada debía hacerse que pudiese dar motivo para habladurías, y mucho menos para escándalo. Consideró lo que estaba sucediendo como una vergüenza para la familia y decidió que lo más pertinente era ocultarlo, sobre todo a los nietos, quienes en su opinión no deberían saberlo por ahora, pero en el futuro, no habrá razón para esconderles un hecho tan bochornoso que más adelante podría ser del dominio público. No obstante, ella conocía bien que el concepto de secreto es obra de los profanos. Halaga la vanidad. Sabía que la gran mayoría de los secretos son tan conocidos como el clima que hizo ayer. Cuando su marido se hubo marchado, doña Tamara permaneció sentada en una butaca, con un rictus pasmado y la vista fija en el vacío de su habitación, mezcla de estupor e incredulidad ante el porvenir. Apoyó la cabeza en ambas manos y nuevamente lloró. Lloró como solo lo saben hacer las mujeres. No solo con los ojos, sino con todo el ser. Sus pensamientos se fueron esfumando y sus lloros cesaron. En aquel momento se halló a solas consigo misma. <>. Su dolor nos halaga con la conciencia de nuestro poder, por un instante nos equipara a los dioses. Pero el dolor verdadero no admite consuelo. Como este dolor nos humilla, optamos por ignorarlo. Rechazamos el estímulo que originaría en nosotros un proceso análogo, aunque de signo inverso, y el orgullo, que antes alineaba nuestras facultades del lado del corazón y nos inducía fácilmente a la ternura, ahora se vuelve hacia la inteligencia para buscar argumentos con qué sofocar los arranques del corazón. Nos cerramos a la única tristeza que al herir nuestro amor propio lograría realmente entristecernos. Carlos se movió un poco en su asiento, su cara mostraba una pequeña sonrisa, una ligera mueca que le levantaba hacia arriba los labios. Apenas planteó varias preguntas unas tras otra, así era como él trabajaba, acosaba a su interlocutor escudriñándolo en busca de datos. — ¡Así es, la cosa es bastante penosa y delicada! Por cierto, en una oportunidad me enteré que ellos eran dos hermanos; ¿Ya le dijeron al otro...? —Mi otro sobrino se llama Toribio y al parecer también se inclina por denunciarlo porque considera que no puede haber drama sin conflicto y es necesario actuar de inmediato porque, más adelante, lo que haga la joyita Fermín, puede ser peor. Es muy absoluto. Todo o nada. No transige... y, a veces, no es nada práctico. — ¿Cómo cuántos años tiene tu hermano Pedro Pablo? —Es mayor que yo, está alrededor de los setenta, pero... dependiendo del vino, representa más o menos edad. —Estoy pareciéndome a un comisario de la GIP, lo sé, pero es necesario continuar con este tipo de preguntas, cuyas respuestas nos permitirán darle forma a la narración. De manera que... dime, ¿cómo está de salud tu hermano? —Se cuida y se ayuda con medicina como todos los que estamos por esa edad, pero delicado por sus múltiples intervenciones quirúrgicas y la contextura que tenemos todos en nuestra familia, lo cual nos hace candidatos a un infarto. Por lo demás, un gran hipocondríaco, que lo lleva a auto medicarse por cualquier cosa. — ¿Es sentimental? —Es una tortuga de fuerte caparazón, pero por dentro muy sentimental, ¡más para dónde! ..., emocional y un empedernido llorón. —Estoy pensando Doble O, que, si Fermín estaba enterado de las condiciones de salud y sentimientos de su suegro, podría estar tratando de apurar la herencia de Teresa, su mujer. —Explícate Carlitos, aun cuando entiendo por dónde vas, me gustaría desarrollaras para mi ese posible e interesante móvil. ¡Ajá, dime! Carlos con frecuencia sacaba a relucir los conocimientos que había acumulado tras un par de años en la escuela de medicina, carrera que abandonó para trasladarse a letras, donde llegó a alcanzar su doctorado y hoy, como complemento a su pasión literaria, dicta clases en los posgrados de varias universidades de Bartoleé; no obstante, ya no se acordaba del noventa y cinco por ciento de lo que había aprendido en los libros; pero durante varios años había viajado constantemente, frecuentando a gente interesante, y el resultado era una facultad de comprensión rápida, no estropeada por la erudición. —Una cosa como ésta por la cual está pasando tu familia, y tu hermano en particular, podría ocasionarle un infarto fulminante. Piénsalo, el ataque viene de un familiar muy cercano, del esposo de su hija, el padre de sus nietos. El miedo aterrador ante la posibilidad de perder un hijo o un nieto, el estrés emocional y la elevada adrenalina como respuesta a esa conmoción; finalmente la pena y sobre todo la ira por la traición de alguien a quien se le dio apoyo, cariño y amistad, es un tiro directo al corazón. Es más Doble O, el hombre ese no parece tener corazón, sensibilidad humana ni gratitud. Seguramente hasta habrá sacado la cuenta: la mitad más una parte de los bienes obtenidos dentro del matrimonio para doña Tamara, el resto a repartirlo entre tres, de manera que al ojo de buen cubero le tocaría un adelanto a su mujer de una octava parte y Fermín de seguro que se sentirá listo para administrarla. —Aunque las cuentas que sacas no son tan simples, tienes buena imaginación Carlitos; pero estoy de acuerdo contigo, una tajadita de esa magnitud ayuda a pagar las facturas por un tiempo, el cual podría ser largo si se administrara bien el dinero. — ¿Te has puesto a pensar que tal vez Fermín se casó con ella esperando pronta herencia?, Recuerda que por lo general las hijas de los ricos suelen ser piezas de cacería para cazadores oportunistas. —Carlos no esperó respuesta, sino que continuó preguntando. —Y, ¿qué hay de tu cuñada doña Tamara? —Ella luce más fuerte para esas cosas. —Y ¿la edad? —

Un poco más joven que él, así luce y debe decirse. —Bueno, pero sabes que el promedio de vida en Bartoleé no es muy elevado y como están las vainas, las preocupaciones nos acortan la probabilidad de supervivencia, si antes no lo matan a uno en un atraco. Así las cosas, súmale una tercera parte de esa mitad más una parte que le había quedado a doña Tamara; estamos hablando entonces de una tercera parte de toda la fortuna que posee tu hermano y la señora Tamara… es cuestión de tiempo. —Entonces… según tu planteamiento ¿estaría hablándose de un intento de asesinato? —No te quepa la menor duda Doble O, hay mentes muy perversas y una persona que hace lo que Fermín le hizo a tu familia, tiene que tener una mente dañina. El mal, la amenaza está en Fermín. Continué escribiendo, leyendo y releyendo la narración que inicialmente me dio Omar y finalmente, después de darle muchas vueltas, abandoné el asunto reconociendo que las condiciones de esta sociedad son absurdas y en ocasiones cómicas; pero definitivamente muy deficitarias e injustas. Es probable que la canallada de Fermín nunca se conozca más allá de su entorno o que se denuncie sin ningún efecto. Por supuesto, debemos estar claros que a pesar de que los tiempos están saturados de ideología política, la memoria es terca, los cambios políticos y culturales son lentos y las urgencias socio-económicas, terminan en el olvido, pero piénsenlo bien, esta historia no es un pasado cerrado. Se encuentra en curso. Suelta demandas insatisfechas que la sociedad tiene la responsabilidad de reactivar hoy mismo. Puede pretenderse sin exageración que nunca hemos estado amenazados de tantos peligros como hoy. Los que se denominan socialistas, con ayuda de los poderes públicos que controla el régimen a su antojo, destruyeron la incipiente democracia de Bartoleé y actualmente, la sociedad vacila bajo amenaza de fuerzas militaristas y dictatoriales armadas con toda técnica moderna y tenemos a la vista la destrucción del país, haciendo la situación absolutamente intolerable. Pero no podríamos desinteresarnos de las condiciones en las que se produce esa destrucción y, para eso no debemos dejar de velar porque quede garantizado el respeto a las leyes específicas a las que debe estar sometida la población. Ahora bien, la situación actual nos obliga a comprobar la violación cada vez más general de esas leyes, violación a la que responde necesariamente un envilecimiento cada vez más manifiesto por parte del régimen. El militarismo dictatorial, está empeñado en eliminar la libertad, aunque solo fuese formal, ha obligado a los que todavía podían consentir en sostener una tenue oposición a hacerse lacayos del régimen y a celebrarlo por encargo, en los límites exteriores de la peor convención. Salvo por la peor publicidad, lo mismo sucedió en la antigua Unión Soviética, Cuba, Corea del Norte y China, en sus periodos de furiosa reacción de su atrasada ideología, ahora copiada por Bartoleé y su vecina Venezuela, sin dejar de tener en cuenta los descabellados coqueteos de Bolivia y Ecuador; el primero, que es parte de aquellos países con línea dura contra lo que ellos denominan "el imperio", no está lejos de enfrentarse a situaciones extremas, debido a que su condición de dependencia del mercado externo en materia alimentaria y su debilitada estructura productiva, exacerbada por "la política" de sustitución de alimentos por el cultivo de la hoja de coca, juega un posicionamiento rígido y taxativo e impide adoptar previsiones para enfrentar el corto plazo. De hecho, este comportamiento que ha hecho que produzcan menos alimentos y más coca, ha cambiado al país su condición de productor para convertirlo en país importador. Por otro lado, Nicaragua, que, al igual a Bolivia, ve a los EE.UU. como el causante de los problemas reales a los cuales se ve enfrentados cotidianamente la mayoría de la población: hambre, desnutrición, falta de vivienda, servicios de salud adecuados, educación; además del grave problema, desempleo. Se sobrentiende que no nos solidarizamos ni un solo instante, por mucha que sea su fortuna actual, con la consigna: "¡Ni fascismo ni comunismo!", que corresponde a la naturaleza del filisteo conservador y asustado, aferrado a los vestigios de un arrancado pasado cuasi democrático. El verdadero revolucionario, es decir, el que no se contenta con variaciones sobre modelos científicos, tecnológicos sociales y políticos ya hechos, sino que se esfuerza constantemente por dar una mejor expresión a las necesidades interiores del hombre y de la sociedad, no puede no ser verdadero revolucionario, es decir, no aspirar a una reconstrucción completa de la sociedad, aunque solo fuese para romper las cadenas que la atan y permitirle elevarse a mayores y mejores alturas. Al mismo tiempo, reconocemos que solo una más próspera revolución social, política, tecnológica y económica, puede abrir el camino hacia una nueva cultura. Si rechazamos sin embargo toda solidaridad con la casta actualmente dirigente que se autodenomina socialista y revolucionaria, es precisamente porque a nuestros ojos solo representa el atraso y la pérdida de la libertad. Bajo la influencia de un régimen totalitario se ha extendido por Bartoleé un profundo crepúsculo hostil a todos los valores democráticos. Crepúsculo de lodo y de sangre en el cual, disfrazados de revolucionarios, chapotean hombres que han hecho de su clientelismo y ciego servilismo, un resorte de la renegación de sus propios principios;

un juego perverso, del falso testimonio venal, un hábito y, de la apología del crimen y la destrucción, un macabro gozo. El socialismo, como quiera que se le adjetive, refleja con una crueldad sin paralelo en la historia, esfuerzos irrisorios por dar gato por liebre y enmascarar su verdadero poder destructor y esclavista. La sorda reprobación que suscita en la sociedad esta negación, desvergonzada de los principios democráticos, ha obedecido siempre a la esclavitud y debe dar lugar a una condenación implacable. La oposición política es hoy una de las fuerzas que pueden contribuir útilmente al descrédito y a la ruina de los regímenes bajo los cuales se ahoga, al mismo tiempo que el derecho de la sociedad extorsionada y oprimida a aspirar a un mejor país y dignidad humana. Una verdadera revolución no tiene temor. Sabe que al término de las investigaciones que pueden hacerse sobre la formación de la vocación democrática en la sociedad socialista que se derrumba, la determinación de esa vocación no podrá considerarse sino como el resultado de una colisión entre el hombre que quiera ser libre y cierto número de formas sociales que les son adversas. Esa sola coyuntura, con la salvedad del grado de conciencia que queda aún por adquirirse, hace del ciudadano su aliado predispuesto. El mecanismo de sublimación, que interviene en semejante caso, tiene por objeto restablecer el equilibrio roto entre una verdadera revolución y la libertad. Este restablecimiento se opera en provecho de la libertad y la democracia que se alza contra la realidad presente. La necesidad de libertad no tiene, sino que seguir su curso natural para verse arrastrada a fundirse y a bañarse de nuevo en esa necesidad primordial: la emancipación del hombre. Reconocemos, bien entendido, en un estado democrático, el derecho de defenderse contra la reacción socialista totalitaria y agresiva, incluso cuando ella se cubra de la bandera de la patria. Pero entre estas medidas impuestas y temporales de autodefensa democrática y la pretensión de ejercer un control absoluto sobre la sociedad, hay un abismo. De lo que acabo de expresar, deriva claramente que, al defender la libertad, no intento de ningún modo justificar indiferentismo político y que está lejos de mi pensamiento querer resucitar un llamémosle revolucionario "puro". De ninguna manera. Tengo una idea demasiado alta de la libertad y la democracia como para rehusarle una influencia sobre la suerte de la sociedad. Estimo que el objetivo supremo en nuestra época debe ser participar consiente y activamente en el sostenimiento de la libertad y la democracia. Sin embargo, no podemos servir a la lucha por esos ideales a no ser que busquemos libremente ver una encarnación en nuestras convicciones, en nuestro mundo interior. En el período presente, caracterizado por la agonía desesperada del socialismo totalitario y destructor, el ciudadano, sin que tenga incluso necesidad de dar a su disidencia social una forma manifiesta, se ve amenazado por la privación del derecho de vivir y de continuar su vida en plana libertad. Es necesario, desde este instante, que comprendamos que nuestro sitio está en otra parte, no entre los que traicionan la patria llamando al socialismo libertad, sino entre los testimonios en su fidelidad inquebrantable a los principios democráticos, entre los que permanecen, por este hecho, como únicos cualificados para ayudarla a realizarse y para asegurar para ella la libre expresión ulterior de todos los modos de libertad. El objetivo final de la presente reflexión, es encontrar un terreno para reunir a los defensores de la democracia subjetivamente de su contenido social e individual, que haya hecho pensar el sentido y el drama a sus convicciones democráticas, para servir al país y defender la libertad del hombre contra los mismos usurpadores de la libertad. En palabras simples y concretas, el fracaso ocurre justo porque toda la concentración de poder es en sí misma irracional. Por eso es necesario tomar conciencia de que para ordenar la economía y hacer posibles políticas públicas sensatas, es indispensable reconstruir el imaginario democrático: retomar sus valores éticos, respetar la Constitución, las leyes y la separación de poderes, devolver la credibilidad al Estado, respetar las minorías políticas, promover la diversidad y no el discurso único, someter el poder militar al civil y eliminar la reelección indefinida. Finalmente los dejo con la siguiente conclusión:

El amor de Teresa de la Cruz Casanueva Casanueva por Fermín Antonio Fernández Ramírez era muy grande y también lo era el de Pedro Pablo Casanueva Talabarte y doña Tamara Casanueva Domínguez de Casanueva por su hija. La confianza pronto fue reestablecida; como si no hubiese pasado nada, como si todo hubiera estado dispuesto para la mutua comprensión, como si sólo hubiera faltado que se miraran a los ojos para compensar sus faltas. A los pocos días lo más importante estuvo dicho y el compartir menudeó. Teresa sintió de pronto que su corazón se había ensanchado y que el mundo era nada más que eso: Fermín y ella. Los recuerdos, los días y los paisajes, maduraron. El milagro imperceptible de las nubes fugaces, del viento y de la lluvia atisbó. De manera que sí, fue así, la vida continuó como si nada hubiese pasado. Ellos en la misma casa y nosotros, los otros extorsionados, buscando una salida democrática.

## RESEÑA DEL AUTOR

Luis Felipe Ortiz Reyes

Nació en Venezuela. Estudió Ingeniería Mecánica en La Fundación Universidad de América, Bogotá, Colombia y obtuvo el título de Ingeniero Mecánico en La Universidad del Zulia, Maracaibo, Venezuela, así como el título de Abogado en La Universidad Central de Venezuela, Caracas.

Ha realizado numerosos posgrados, tales como:

* Diplomado en Edición. Universidad Central de Venezuela.
* Gerencia de Finanzas en Massachusetts Institute of Technology, Boston.
*Finanzas en Pennsylvania State University, Pensilvania.
* Gerencia de Investigación en Battelle Memorial Institute, Ohio.
* Gerencia en La Managment Association, New York.
*Es ganadero y ha sido presidente de varias empresas e Instituciones y miembro de La Asociación Integral de Políticas Públicas (AIPOP).
* Premio 2012 de la Fundación para la Cultura y las Artes en la I edición del Concurso de Narrativa "La paz es lo que cuenta".
*Finalista en el concurso de microcuentos Banesco 2012.
*Finalista en el I Premio Hispania de novela histórica, convocado en España en el 2013, por la Editorial Altera.
*Finalista en el I Certamen Mundial de Excelencia Literaria Liberty Edition, Seattle EE.UU. –Narrativa, 2015.
* Orden Al Mérito En El Trabajo en su primera clase, otorgado por el Gobierno de Venezuela. 1998.
*Ha publicado numerosos artículos de prensa y ha escrito y publicado varios libros, entre los que se encuentran:
* Inversiones de Capital en El Mercado Andino, 1973
* Anotaciones Sobre El Derecho Penal Venezolano, 1977
* Ganadería La Cruz de Hierro
* Ganadería Bellavista
* Los Extorsionadores
* El Pode
* Los Iniciados
* El Matador
* Alucinando
* Entrevista Imaginaria
° Cadena de bloques y criptomonedas
* El taller del escritor
* Puro (s) cuento (s). Volumen 1 y 2
* La Virgen vendida
* Hemingway, Papini, Cortázar y Borges
* Bolsa de valores

Este libro fue impreso en

**amazon**

kindle | direct publishing